LIRE PIAGET

Rémy Droz
Maryvonne Rahmy

Lire Piaget

Septième édition

MARDAGA

© Pierre Mardaga, éditeur
Hayen 11 - B-4140 Sprimont

Abréviations des ouvrages fréquemment cités[1]

BC	Biologie et Connaissance
CP	La Causalité Physique chez l'enfant
CR	La Construction du Réel chez l'enfant
CRN	Classes, Relations et Nombres
DQ	Le Développement des Quantités chez l'enfant
EEG I à XXVI	Études d'Épistémologie Génétique
EG I, II, III	Introduction à l'Épistémologie Génétique
EP	L'Épistémologie Génétique
ES	Études Sociologiques
FS	La Formation du Symbole chez l'enfant
GN	La Genèse du Nombre chez l'enfant
GS	La Géométrie Spontanée de l'enfant
GSL	La Genèse des Structures Logiques élémentaires
IH	La Genèse de l'Idée de Hasard chez l'enfant
IMM	L'Image Mentale chez l'enfant
JM	Le Jugement Moral chez l'enfant
JR	Le Jugement et le Raisonnement chez l'enfant
LC	Logique et Connaissance scientifique
LEA	De la Logique de l'Enfant à la Logique de l'Adolescent
LO	Logic and Psychology
LP	Le Langage et la Pensée chez l'enfant
MI	Mémoire et Intelligence
MP	Les Mécanismes Perceptifs
MV	Les notions de Mouvement et de Vitesse chez l'enfant
NI	La Naissance de l'Intelligence chez l'enfant
NT	Le développement de la Notion de Temps chez l'enfant
PE	La Psychologie de l'Enfant
PEP	Psychologie et Épistémologie
PI	La Psychologie de l'Intelligence
PP	Psychologie et Pédagogie
RE	La Représentation de l'Espace chez l'enfant
RM	La Représentation du Monde chez l'enfant
SIP	Sagesse et Illusions de la Philosophie
SP	Six études de Psychologie
ST	Le Structuralisme
TJP	Bibliographies (cf. chap. 4, § 2, a), p. 121)
TL	Traité de Logique
TOL	Essai sur les Transformations des Opérations Logiques
TPE	Traité de Psychologie Expérimentale

NOTE

[1] Dans la mesure du possible, ces abréviations correspondent à celles utilisées dans le «Dictionnaire d'épistémologie génétique» (cf. chap. 4, § 2, b), p. 121).
Des comptes rendus de ces ouvrages (excepté TJP) se trouvent (également par ordre alphabétique des abréviations) au chapitre 6.

Nous eussions volontiers dédié ce livre à Monsieur Jean Piaget, à Mademoiselle Bärbel Inhelder et à Madame Alina Szeminska. Par leurs travaux en psychologie génétique, ces trois éminents chercheurs ont rendu possible l'établissement d'une épistémologie génétique. Mais il y aurait eu quelque impertinence dans une telle démarche : un navigateur ne peut guère offrir ses propres reflets au phare qui guide son cours... Si le reflet que nous tentons d'offrir au lecteur apparaîtra parfois un peu terni, nous nous accusons d'avance : nous n'avons pas eu la sagesse de polir suffisamment le miroir dont nous nous sommes servis. Si l'image devait paraître un peu floue de temps à autre, nous prions également le lecteur de nous en excuser; il existe, croyons-nous, quelques passages peu clairs dans l'œuvre piagétienne et nous n'avons pas voulu présenter un ouvrage «critique». L'avenir seul montrera si ces flous sont dus au miroir ou à la source de lumière.

Si, au cours de ce livre, nous parlerons souvent de Piaget et de l'œuvre piagétienne, il va de soi que cette «abréviation» recouvre également une multitude de collaborateurs et d'assistants de recherche, dont on trouvera les noms dans la liste des collaborateurs au début des grands ouvrages de Piaget.

Nous tenons à remercier les éditeurs suivants, pour nous avoir autorisés à citer des extraits d'ouvrages publiés par leurs soins :
- Librairie A. Colin, Paris.
- Librairie Droz, Genève.
- Manchester University Press, Manchester.
- Librairie Payot, Paris.

RD/MR.

Chapitre 1
Mode d'emploi

Ce livre n'est pas, à proprement parler, une introduction à l'œuvre de Jean Piaget. Son objectif est plutôt de fournir un outil de travail à celui qui essaie de lire lui-même les ouvrages originaux, de l'assister dans son travail et parfois de le guider.

Il s'agit donc en somme d'un livre de techniques et de méthodes pour aborder un auteur particulier. Il n'a pas pour but de transmettre ou de véhiculer les idées et les faits saillants avancés par cet auteur.

Expliquons-nous!

Nous partons de l'idée qu'il est parfaitement inutile de vouloir résumer ou vulgariser l'ensemble des développements expérimentaux et théoriques caractérisant l'œuvre de Piaget. Nous expliquerons au prochain chapitre les raisons qui nous ont conduits à cette croyance (*cf.* chapitre 2). Simultanément, nous partons du fait qu'un ensemble de conseils méthodologiques et techniques concernant la lecture, le choix des ouvrages et leur ordonnancement pourraient être de quelque utilité à un certain nombre de lecteurs de Piaget et de «piagétiens» potentiels, ainsi qu'à certains «connaisseurs» qui désirent approfondir l'un ou l'autre des filons aperçus dans leurs lectures antérieures.

Partons d'un exemple concret : supposons qu'un individu quelconque désire s'initier aux travaux de Piaget après en avoir entendu parler ou après avoir lu son nom dans un article de journal. La probabilité qu'il tombe sur un ouvrage facilement accessible est relativement faible, lorsqu'il fait un choix au hasard, et même (à la limite) s'il recherche une inspiration dans les titres des ouvrages. Il aura donc avantage à se faire assister dans ses démarches par un interlocuteur plus compétent que lui-même. La partie dénommée «itinéraires» (chapitre 5) de ce livre a pour objectif de se substituer à un tel mentor, au cas où il ne serait pas disponible. Notre individu y trouvera des suggestions de travail pour s'initier «à Piaget» (il pourra trouver quelques points de repère sur l'homme Piaget et sur son œuvre au chapitre 3, et quelques recommandations techniques sur la façon de lire son œuvre au chapitre 4) et il pourra se faire un idée du travail qui l'attend en lisant les «comptes rendus» appropriés des ouvrages proposés (chapitre 6). Tout en retournant au texte «original» qu'il aura choisi, il pourra faire des recoupements avec d'autres ouvrages de Piaget en se servant des «index» (p. 161) qui relient des «mots-clés», certaines notions ou certains domaines particuliers avec des ouvrages précis. La suite de sa démarche est assistée, soit par les résultats de l'utilisation des index, soit par un retour à l'itinéraire qu'il s'est proposé.

ARTICULATION DE L'OUVRAGE

La structure de l'ouvrage et les fonctions de ses différentes parties s'articulent comme suit : après ce mode d'utilisation (chapitre 1), un chapitre «introduction» (chapitre 2) est consacré à l'analyse des difficultés particulières qui confrontent celui qui veut aborder les travaux de Piaget. Le chapitre 3 a pour but de situer dans le temps, mais aussi dans les schémas intellectuels du lecteur la vie et l'œuvre de Jean Piaget.

Ce chapitre, un peu long, est divisé en trois grandes parties (A, B et C). La première (A) contient quelques éléments d'information sur la chronologie de l'œuvre, la troisième (C) tente une petite synthèse des «volets de la production piagétienne» exposés dans la partie centrale, (B). Cette partie centrale (B) est à son tour divisée en quatre parties (1re partie : épistémologie, philosophie, logique; 2e partie : psychologie; 3e partie : pédagogie; 4e partie : biologie et sociologie). Pour des raisons facilement compréhensibles, le volet consacré à la psychologie (2e partie) est assez long, les données étant extrêmement nombreuses. Pour éviter une présentation trop biaisée, nous avons présenté les résultats expérimentaux et théoriques en trois «paliers» successifs qui se recoupent fréquemment : 1. concepts centraux (discussion de quelques termes importants), 2. stades du développement (discussion des niveaux de développement caractéristiques en psychologie génétique), 3. le développement des connaissances (analyse de la genèse de quelques-unes des grandes catégories de la connaissance). La table des matières et l'index pourront aider le lecteur à orienter sa lecture.

La partie proprement technique commence au chapitre 4 (Guide technique pour lire Piaget), qui contient quelques conseils, mises en garde et remarques qui semblaient un peu utiles. Les « itinéraires pour lire Piaget » (chapitre 5) présentent quelques programmes de travail, soit en fonction d'un besoin de culture ou d'information générales, soit en fonction de motivations plus « techniques ». Les « comptes rendus » (chapitre 6) ne sont en aucun cas des résumés des principaux ouvrages, ils ne se substituent donc nullement à ceux-ci (même pour un lecteur pressé !). Leur fonction est de localiser et de décrire un peu les ouvrages de Piaget pour préparer le lecteur « à ce qui l'attend ». Les index (p. 161) et appareils bibliographiques (p. 169) devraient lui permettre de se réorienter au fur et à mesure de ses démarches en se détachant plus ou moins explicitement des itinéraires suggérés[1].

Ceci dit, le lecteur aura sans doute compris que ce livre peut servir à des fins diverses. Le piagétien débutant y trouvera des guides, des garde-fous, des conseils, des suggestions, etc., pour s'initier à l'œuvre de Piaget. Un utilisateur plus avancé qui connaît ou croit connaître cette œuvre ou qui s'intéresse à quelque point particulier pourra y trouver des regroupements de lectures spécifiques à un problème particulier ou à un thème précis. Cela lui épargnera, du moins au début, des recherches bibliographiques longues et relativement laborieuses.

Les limites de ce livre ne sont que trop évidentes. En premier lieu on nous reprochera de ne pas avoir fait d'introduction à l'œuvre de Piaget. Le chapitre 3 pose bien quelques jalons et décrit même certains domaines, mais nous avons sciemment évité de faire une vulgarisation des idées et des théories de Piaget et de ses collaborateurs. Si le lecteur veut connaître Piaget, il devra s'attaquer lui-même à cette œuvre monumentale. Nous essayerons de l'assister, mais nous pouvons difficilement lui éviter un certain effort et une certaine quantité d'activité autonome. Inversement, d'aucuns nous reprocheront, d'ailleurs, d'avoir justement vulgarisé Piaget en tentant d'articuler les différentes faces de son œuvre en postulant la possibilité de lire Piaget avec un biais, c'est-à-dire avec une idée précise dans la tête, ce qui implique sans doute une certaine cécité pour l'ensemble de l'œuvre ou pour « l'essentiel » de Piaget. Reproche que nous accepterons volontiers : pour nous l'essentiel de Piaget, c'est que son œuvre est justement exploitable en fonction d'une multitude de perspectives différentes et divergentes, ce qui correspond aussi bien au pluralisme de nos besoins qu'aux facettes multiples de l'œuvre piagétienne.

Si, par ailleurs, le fait d'articuler les travaux de Piaget contribuait éventuellement à remplacer par une lecture attentive et critique la récitation rituelle et liturgique des mots magiques de l'œuvre — conduite suffisamment représentée pour nous inquiéter — nous serions assez contents de notre travail...

Arrivé ici, *nous recommandons au lecteur de relire très attentivement la table des matières*, afin de planifier son itinéraire personnel à travers ce livre et afin de s'en faire un outil de travail utilisable.

NOTE

[1] L'index tente de dépasser les limites du présent ouvrage en renvoyant à de nombreux chapitres de Piaget. Il s'agit donc, en quelque sorte, d'une collection d'itinéraires pour «connaisseurs».

Chapitre 2
Introduction

1. POURQUOI UN TEL OUVRAGE ?

La production écrite de Jean Piaget est énorme : fin 1966 elle atteignait environ le volume de 20 000 pages publiées, largement dépassé depuis. Il n'est donc guère concevable, pour un lecteur « normal », de faire le tour d'une telle œuvre en commençant un beau jour par la première page du premier article pour terminer, quelque temps plus tard, par les textes les plus récents. Non seulement ce n'est pas concevable (les méthodes de lecture rapide pourraient assister à la production d'un tel miracle), mais encore ce n'est ni raisonnable ni rationnel. Les textes écrits par Piaget peuvent, en effet, s'adresser à des populations de lecteurs fort différentes, ce qui est simplement dû à l'étendue de ses intérêts : ce qui intéresse le psychologue peut être banal pour le mathématicien et dénué d'intérêt pour le pédagogue.

La tentation serait alors grande d'écrire des manuels différenciés introduisant à l'œuvre de Piaget, chose qui a été tentée à plusieurs reprises et sous diverses formes[1]. Le résultat est en général peu satisfaisant : on présente au lecteur une vue épurée, simplifiée de quelques travaux de Piaget, soit en le forçant à accepter ce contenu sans discussion (ce qui est injuste face au lecteur, car si l'on peut accepter les faits sans discussion, il en va tout autrement des interprétations qui ont souvent le don de provoquer une discussion, un contrôle, une recherche...), soit en lui donnant la discussion en même temps que le texte, ce qui le frustre évidemment de sa propre réflexion ou alors le conduit à une interprétation de l'interprétation. Cette démarche n'a d'intérêt que s'il connaît déjà l'interprétation de départ (donc le texte original de Piaget) et revient alors à rendre inutile l'introduction...

Nous ne contestons pourtant pas l'utilité de certains travaux parus en d'autres langues que le français; la carence de traductions utilisables en justifie pleinement l'existence. En français, toutefois, presque tous les textes de Piaget sont accessibles, ce qui crée alors justement et simplement un problème de choix et d'organisation des lectures.

2. OBJECTIFS DE L'OUVRAGE

En compilant ce travail, nous nous sommes posé comme but d'assister le lecteur dans son travail d'organisation et de choix. Ce faisant, nous partons des présuppositions suivantes :

a) *Il n'existe qu'une seule manière de s'introduire à la pensée de Piaget, c'est de lire les textes qu'il a écrits.*

Ceci se justifie pour plusieurs raisons :

1. Toute transcription des idées piagétiennes tend à les fixer d'une manière qui n'était pas nécessairement dans l'intention de l'auteur; elle tend, en particulier, à négliger l'évolution des hypothèses de Piaget. *Cf.*, par exemple, l'évolution des idées d'«équilibration» ou d'«équilibre» à travers l'œuvre de 1918 à 1967, qui peut difficilement être décrite dans une ou deux pages d'un manuel.

2. Les textes de Piaget sont faits d'un subtil mélange d'observations empiriques (souvent inspirées par l'histoire des sciences), d'interprétations psychologiques, épistémologiques et philosophiques et de tentatives de formalisation. Vouloir s'en tenir aux faits, dans leur contexte, peut être une entreprise légitime pour créer un outil de travail pour ceux qui connaissent déjà les grandes lignes de la psychologie génétique et qui veulent s'en servir dans un but déterminé (applications pédagogiques, applications en psychologie clinique, etc.). C'est toutefois insuffisant pour accéder au mode de pensée de Piaget.

3. La lecture d'un texte original permet de le situer dans l'œuvre d'un auteur autant que dans l'esprit d'une époque, ce qui est indispensable; *cf.*, par exemple, l'évolution du terme «régulation» vers «feed-back», etc.

b) *La pratique, courante actuellement, de publier des « readings » ne répond que dans une très faible mesure aux intérêts et aux besoins du public.*

Elle fixe en effet un choix arbitraire qui ne répond, en fin de compte, qu'aux attentes d'un lecteur imaginaire qui partagerait les préoccupations de l'éditeur. Elle suppose un utilisateur naïf qui ne sait pas ce qu'il veut. Dans la pratique, cependant, il le sait à peu près, mais il ne sait pas comment trouver les textes qui répondent à ses questions souvent vaguement formulées. Nous supposons donc qu'un guide pourrait lui être utile pour s'organiser et pour se décider à effectuer un choix.

c) *Il nous semble, finalement, que les lecteurs actuels et potentiels des travaux de Piaget se recrutent parmi un public extrêmement diversifié* de psychologues, pédagogues, philosophes, mathématiciens, pour n'en citer que quelques-uns. Affirmer que leurs intérêts sont susceptibles de diverger autant que leurs spécialisations professionnelles est banal, mais l'on est souvent frappé par la perte de temps et d'énergie entraînée par un choix de lectures basé sur des informations incomplètes ou insuffisantes. La conséquence, d'ailleurs normale, en est que le lecteur se décourage et, ne sachant plus comment continuer, décide qu'il n'existe probablement pas de textes qui pourraient répondre à ses questions.

Ceci dit, quelques années d'enseignement de la psychologie à des niveaux universitaires divers et les fréquentes obligations de construire des « bibliographies » et même des « guides de lecture » pour certains cours nous ont amenés à supposer qu'il devrait être possible de confectionner une sorte de fichier à usages multiples. Celui-ci devrait répondre aux exigences suivantes :

a) Fournir une petite introduction à l'objet que l'on va étudier. Dans le cas présent, il s'agit de localiser et de décrire l'œuvre et l'auteur dans son contexte. Il ne s'agit nullement de « rendre justice » à qui ou quoi que ce soit. Premièrement, l'œuvre de Piaget et l'homme Piaget n'en ont aucun besoin, ils se défendent très bien eux-mêmes et l'avenir montrera, encore plus que le présent, leur rôle primordial en psychologie du développement des fonctions cognitives. Deuxièmement — et ce en dépit de notre première remarque — d'autres se chargeront plus brillamment et avec plus de compétence de « présenter » et d'introduire cette œuvre que nous n'aurions pu le faire.

b) Proposer une série de parcours, plus ou moins longs, plus ou moins difficiles, mais toujours adaptés aux besoins de l'utilisateur à travers un choix, plus ou moins exhaustif, de textes[2].

c) Présenter des petites esquisses à propos des différents ouvrages afin d'informer le futur lecteur de leur contenu. Nous avons résisté à le tentation de présenter des résumés en bonne et due forme en partant du principe que ces petits textes ne doivent pas se substituer à une lecture plus approfondie, mais la préparer.

d) Proposer, lorsque cela s'impose, des lectures pour approfondir un sujet.

NOTES

[1] *Cf.* Bibliographie, p. 169.
[2] Il est indéniable que cette tentative est lourdement influencée par Hérodote, les Itinéraires romains et les publications de MM. John Murray et Karl Baedeker. Qu'ils en soient remerciés ici. Notre gratitude va également aux auteurs et éditeurs des Guides Bleus et Michelin qui nous ont inspirés. Le présent ouvrage se distingue, toutefois, des guides habituels dans le sens que son utilisateur ne doit pas décider à l'avance à l'aide de quel véhicule il va voyager, ni de quels plats il va se nourrir.

Chapitre 3
Survols piagétiens : l'homme et son œuvre

A. ÉLÉMENTS CHRONOLOGIQUES DE L'ŒUVRE DE JEAN PIAGET

Ce paragraphe repose essentiellement sur les deux tableaux présentés ci-après (tab. 1 et 2) qui sont commentés afin de schématiser, dans la mesure du possible, le cheminement et l'évolution de la production piagétienne. Nous avons tenté de mettre en évidence quelques domaines d'attraction qui ont successivement (partiellement même simultanément) régi les travaux de Piaget et ses démarches pour approcher les buts qu'il s'était fixés de façon un peu romantique :

> «... mon but qui était de découvrir une sorte d'embryologie de l'intelligence était adapté à ma formation biologique ; dès les débuts de mes réflexions théoriques j'étais convaincu que le problème des relations entre organisme et milieu se posait aussi dans le domaine de la connaissance, apparaissant alors comme le problème des relations entre le sujet agissant et pensant et les objets de son expérience...[1]»

Notre intention n'est pas de nous soumettre à cet exercice de style apparemment de rigueur dans certains ouvrages de ce genre et qui consiste à recopier plus ou moins fidèlement, les différentes autobiographies de Piaget qui existent à l'heure actuelle[2]; le lecteur pourra en lire l'une ou l'autre à l'occasion ; elles en valent toutes la peine.

Tableau 1. — Éléments chronologiques des travaux de Jean Piaget[3]

1896	Naissance à Neuchâtel.
(1) 1911-1921	*Années de formation :* études de biologie, formation philosophique. *Premières activités scientifiques :* recherches dans le domaine de la zoologie systématique (malacologie, conchyliologie); recherches et essais théoriques en psychologie. *Établissement d'un programme de travail :* étude et explication des liens entre la biologie et la connaissance.
(2) 1921-1932	*Recherches sur la connaissance et la pensée chez l'enfant :* langage, raisonnement, jugement, explications causales et représentation du monde. Recherches sur le *jugement moral* et les *croyances religieuses* chez l'enfant. *Développement d'une technique d'investigation psychologique appropriée :* la méthode clinique (ou méthode « critique »).
(3) 1925-1935	Recherches sur *les premières manifestations de l'intelligence* dans le développement de l'enfant (développement sensori-moteur, développement des fonctions symboliques).
(4) 1930-1959	Recherches sur le développement des « *opérations concrètes* » et les *catégories de connaissance* chez l'enfant (activités logico-mathématiques : classifications, sériations, quantifications; notions physiques : invariance des grandeurs physiques; notions concernant l'espace, le temps, le hasard, etc.).
(5) 1937-1949	Développement d'« *outils* » *(modèles) logiques permettant de formaliser les structures de la pensée enfantine.*
(6) 1940-1961	Recherches sur le *développement et les mécanismes de la perception visuelle.*
(7) 1949-1950	« *Introduction à l'épistémologie génétique* ». 1955. *Création du «Centre international d'épistémologie génétique»* (essais théoriques, recherches multiples sur la lecture de l'expérience, l'apprentissage opératoire, la genèse de la notion du nombre, de l'espace et du temps, l'explication causale en physique et en biologie, etc.).
(8) 1959-1966	Nouvelles recherches sur les fonctions symboliques (ou sémiotiques) : *image mentale, mémoire.*
(9) 1967	Publication de « *Biologie et connaissance; essai sur les relations entre les régulations organiques et les processus cognitifs.* » Direction de : « *Logique et connaissance scientifique.* »

Tableau 2. — Tableau synoptique des publications de Jean Piaget[4,5]

Année	1	2	3	4	5	6
1907			*			
1908						
1909						
1910						
1911			**			
1912			*****			
1913			*******			
1914			******			
1915			*			
1916		a)*	*			
1917			*			
1918		b)*				
1919						
1920	*		**			
1921	*		c)*			
1922	**(LP)					
1923	*****(JR)					
1924	**	*				
1925	*******		*			
1926	***(RM)					
1927	***(CP)					
1928	***	*	*	*	*	
1929		*	**			
1930		*	*		***	
1931	***				***	
1932	*(JM)				**	
1933	**				**	
1934					**	
1935	***				**	
1936	*(NI)				**	
1937	***(CR)	**			***	
1938	**				*	
1939	**				****	
1940		*		*	*	
1941	*****(GN)(DQ)	**********			*	
1942	*****(CRN)				**	
1943	******					
1944	***			*		
1945	***			*		
1946	****(FS)(NT)(MV)	*				
1947	*****(PI)	*			**	
1948	***(RE)(GS)	*				
1949	***(TL)	**			**	
1950	*****	*******(EG I, II, III)			*	
1951	******(IH)	**		*	*	
1952	***	***(TOL)				d)*
1953	*******(LO)	**		*		
1954	********	*				
1955	*******(LEA)	*			*	
1956	*************				*	

Année	1	2	3	4	5	6
1957	****	******			*	
1958	*******	****				
1959	*******(GSL)	***				e)*
1960	********	**		*	*	*
1961	*******(MP)	**				*
1962	********	**				
1963	*********	***				
1964	***(SP)	**				
1965	*	**(SIP)		*(ES)	**	*
1966	******(PE)(IMM)	**	**			

Chaque * représente une publication.

Les colonnes correspondent aux domaines de publication suivants :
1. Psychologie génétique.
2. Épistémologie génétique, Philosophie, Logique.
3. Biologie.
4. Sociologie.
5. Pédagogie.
6. Autres.

Titres de quelques ouvrages non repris dans les comptes rendus :
a) Mission de l'idée.
b) Recherche.
c) Malacologie valaisanne; thèse.
d) Autobiographie.
e) L'Institut des Sciences de l'Éducation.

1. Années de formation, premières recherches scientifiques

On ne peut s'empêcher d'être frappé et impressionné par le fait que Piaget à l'âge de 20 ans (donc en 1916) avait déjà publié toute une série de travaux (en zoologie systématique, surtout) et qu'à l'âge de 25 ans l'étendue de ces intérêts s'affirme déjà par des publications dans des domaines aussi différents que la philosophie, la psychologie de l'enfant et la zoologie. On trouvera de précieux éléments d'information pour comprendre le rôle de ces années de formation et de développement en se référant aux autobiographies[6] et particulièrement à (SIP)[7].

2. Recherches sur la connaissance et la pensée chez l'enfant

Le premier article psychologique de Piaget date de 1920, paradoxalement — par rapport au plus grand nombre des travaux ultérieurs — il est consacré à la relation entre la psychanalyse et la psychologie de l'enfant. Il marque pourtant le début d'une phase de production consacrée au développement de la pensée et de la représentation du monde chez l'enfant. A travers une série de minutieuses enquêtes et recherches, Piaget tente de comprendre le fonctionnement cognitif de l'enfant et la vision particulière du monde qui découle de certaines spécificités (ou limitations, du point de vue de l'adulte) de la pensée enfantine (LP), (JR), (RM), (CP).

L'originalité de ces travaux ne réside pas tellement dans le fait que Piaget découvre que la pensée de l'enfant ne diffère pas simplement quantitativement, mais qualitativement de la pensée de l'adulte. Cela avait été postulé au moins depuis Rousseau et bien des recherches avaient déjà contribué à confirmer ce point de vue. Mais Piaget va plus loin : il constate la différence et en analyse les conséquences sur le plan de la vision du monde et de l'explication des phénomènes physiques. Il tente donc d'esquisser le monde de l'enfant en se détachant, dans la mesure du possible, des normes de l'adulte.

Ce n'est pas par hasard que ces travaux ont rendu Piaget célèbre presque immédiatement. Ils témoignent, en effet, d'une originalité et d'une créativité (sur le plan des méthodes appliquées) qui dépasse de loin les méthodes, et par conséquent les résultats qui en découlaient des travaux produits à cette époque (méthodes d'observation pure, questionnaires, tests, etc.) et ils constituent un apport significatif à la psychologie du développement. Piaget dépasse la description plus ou moins normative par des analyses qui sont à la fois description, interprétation et tentative d'explication. Dans la production piagétienne ces travaux marquent le début d'une série d'efforts diversifiés allant de l'étude de la petite enfance à celle de la période qui suit la pensée prélogique et au développement d'une logique formelle propre à rendre compte du fonctionnement cognitif de l'enfant.

Ces recherches, qui concernent essentiellement le développement cognitif de l'individu, sont complétées par des travaux sur la socialisation de l'enfant et sa compréhension des contraintes qui régissent le fonctionnement de la société (JM).

Il convient de noter, dans ce contexte, que Piaget, qui devient directeur du Bureau international de l'éducation en 1929, consacre chaque année un ou deux articles aux grands problèmes de la pédagogie et de l'enseignement. On retrouvera les éléments essentiels de ce texte dans (PP), les titres des articles spécifiques dans les bibliographies des travaux piagétiens (TJP), (Pareto), (*cf.* p. 121).

Technique d'investigation appropriée (la méthode clinique)

Mais l'une des contributions les plus importantes de cette époque ne concerne ni la recherche empirique, ni l'élaboration théorique. Il s'agit de la mise au point d'une méthode originale pour la recherche en psychologie du développement cognitif. La méthode clinique (parfois appelée méthode critique, entretien clinique, etc.) qui tient à la fois de l'entretien psychiatrique (d'où le qualificatif de clinique) et de la psychologie expérimentale au sens strict du terme (dans la mesure où elle ne vise pas à mettre en évidence l'anecdotique ou l'individuel, mais ce qui est général — ou généralisable — dans la conduite d'un sujet ou d'un ensemble de sujets) est avant tout un mode d'interaction entre le chercheur (l'expérimentateur) et son sujet. Il s'agit, en général, d'une sorte de « dialogue » qui a lieu entre deux partenaires dans une situation relativement naturelle. Les premières recherches conduites selon un tel mode étaient généralement verbales. Au cours d'un entretien l'expérimentateur tentait de percer la pensée du sujet et ses idées en adaptant les questions successives aux réponses et aux opinions de celui-ci. Contrairement à la méthode des tests ou des questionnaires, la trame de l'entretien n'était pas rigidement fixée à l'avance, mais elle se développait au fur et à mesure de la discussion pour cerner, finalement, la pensée de l'enfant[8] de façon aussi précise que possible.

Complexification de la méthode clinique

Plus tard — sous l'influence des expériences acquises lors des recherches sur le développement sensori-moteur du jeune enfant (de la naissance à l'âge de deux ans environ), où l'observation critique devait se substituer nécessairement à une technique d'entretien verbal — la méthode clinique est devenue une méthode assez complexe, où l'expérimentateur, le sujet et un matériel expérimental sont en interaction. Le but n'est plus seulement de cerner les idées de l'enfant, mais aussi de comprendre comment il agit sur son environnement et réagit aux modifications de celui-ci. La recherche vise réellement à mettre en évidence les interactions entre le sujet et l'objet. L'attention de l'expérimentateur n'est donc pas seulement centrée sur les conduites verbales de l'enfant, mais aussi (et à la limite, surtout) sur l'ensemble de toutes les conduites et de tous les comportements observables de l'enfant « en action ».

On trouvera des textes de Piaget sur la méthode clinique dans (RM)[9], (JR)[10]. De plus, un article de mise au point assez récent de Vinh-Bang permet de comprendre à la fois cette technique et ses variantes potentielles[11].

3. Recherches sur les premières manifestations de l'intelligence - le stade sensori-moteur - la fonction sémiotique

La trilogie (NI), (CR), (FS), consacrée aux origines et aux premières manifestations de l'intelligence chez l'enfant et aux débuts des fonctions symboliques est essentiellement basée sur un important ensemble d'observations que Piaget a faites sur ses propres enfants. Mais fidèle à lui-même, il ne se contente pas d'observer simplement, il provoque (observation provoquée!) les conduites de l'enfant par des situations appropriées, afin de comprendre, dans la mesure du possible, les mécanismes intérieurs (schèmes) qui régissent le comportement de l'enfant. Les deux ouvrages sur le développement sensori-moteur, (NI) et (CR), se suffisent à eux-mêmes : ils situent très clairement les étapes successives du développement cognitif de la naissance à l'âge de deux ans, environ, et les produits de ce développement au niveau de le genèse de la connaissance et des conduites d'adaptation ou intelligentes. Inversement, le développement des fonctions symboliques n'est pas suffisamment décrit par (FS) il sera utile de le compléter, au moins, par (PE)[12] et même par les travaux plus récemment consacrés aux fonctions symboliques (que Piaget appelle plus volontiers «fonctions sémiotiques» depuis quelques années) : (IMM) et (MI).

4. Recherches sur le développement des opérations concrètes et les catégories de connaissance

Les ouvrages qui appartiennent à cette partie de la production piagétienne (qui recouvre tout de même trente ans) sont nombreux et ils sont, sans doute, parmi les mieux connus des travaux de Piaget. Notons en passant que tous ces ouvrages : (GN), (DQ), (NT), (MV, (RE), (GS), (IH), (GSL) ont été élaborés avec d'assez larges équipes de travail et rédigées, en général, avec Bärbel Inhelder ou Alina Szeminska, fidèles collaboratrices de Piaget et prestigieux chercheurs elles-mêmes. Nous inclurons, pour des raisons de simplification également (LEA)[13] dans cette série de travaux.

Malgré la diversité des thèmes et des sujets abordés, ces ouvrages concernent en fait les mêmes types de conduites en développement chez l'enfant. Il s'agit d'étudier comment l'enfant agit sur le réel et comment il se construit à partir de son action (par différents processus d'abstraction) sa connaissance du monde, ses notions concernant le réel.

En approximation grossière nous pouvons diviser l'ensemble des opérations et des notions en deux groupes : le premier concerne le domaine des connaissances et des activités de type logico-mathématique, le deuxième concerne plutôt les connaissances et les activités relatives au monde physique. Le premier domaine contiendrait ainsi des modes d'articulation du monde concret du genre classifications, établissement de relations et d'ordres[14] quantifications et considérations de type probabiliste. Les expériences relatives aux conduites énumérées se retrouvent dans (GSL), (GN) et (IH). On pourrait également y inclure, à un niveau supérieur, bien sûr, les conduites consistant à appliquer des procédures formelles (combinatoire, logique des propositions, stratégies expérimentales et scientifiques, etc.) à des situations réelles, afin d'en analyser la structure (LEA).

Le deuxième domaine que nous évoquions, celui de la connaissance du monde physique et d'activités exercées sur celui-ci, concerne, entre autres, le développement des notions relatives à l'invariance des grandeurs physiques (ou quantités physiques) lors de la transformation d'objets[15], la représentation de l'espace (RE) et sa conceptualisation sous forme des géométries spontanées plus ou moins primitives et de différentes formes de mesure (GS), ainsi que le développement de notions relatives au temps, au mouvement et à la vitesse (NT), (MV).

Nous verrons plus loin (p. 31 ss.) la signification de certains termes utilisés ici, tels que « opérations », « opérations concrètes » et « opérations formelles » ainsi que le développement effectif de ce potentiel cognitif.

5. Formalisation des structures de la pensée enfantine - Modèles

Parallèlement aux travaux expérimentaux visant à décrire le développement cognitif de l'enfant, Piaget a élaboré un certain nombre de travaux de caractère théorique dont le but était de développer un instrument formel (logique) permettant d'expliquer par un modèle abstrait les conduites enfantines observées : (CRN), (TL), (TOL)[16]. C'est ainsi qu'ont apparu dans les textes de Piaget les références aux *groupements* des opérations concrètes et au fameux *groupe* INRC. Ces structures permettent de décrire, sur un plan abstrait, mais extrêmement précis (du fait que le langage symbolique utilisé permet d'éviter les imprécisions et les confusions sémantiques du langage courant) les conduites de l'enfant et leurs limitations et même d'expliquer la cause de certains progrès dans le développement cognitif : ainsi le groupe INRC (caractéristique des conduites du sujet à partir de 11-12 ans, âge auquel il entre dans sa dernière phase de développement intellectuel. — Le stade formel) apparaît comme synthèse de deux types de groupements génétiquement antérieurs et qui caractérisent la structure de la pensée de l'enfant au niveau des opérations concrètes (donc entre 7-8 et 11-12 ans).

Ces modèles algébriques (logiques, logistiques, etc.) ont fréquemment été critiqués aussi bien par des psychologues que par des mathématiciens. Ces derniers attaquaient les bases axiomatiques insuffisamment assurées de ces structures, alors que les premiers tendent à accuser Piaget de Logicisme, en ne semblant pas comprendre que ces structures ne sont pas nécessairement les conduites du sujet, mais les signifient (d'où le terme de « modèle » utilisé ici).

Le lecteur intéressé par ces questions pourra trouver des compléments utiles dans l'édition révisée par le logicien J.-B. Grize de (TL)[17] dans une tentative de formalisation du même auteur[18] et surtout dans une intéressante étude du mathématicien K. Witz[19]. Ce dernier n'a reformalisé que l'un des huit (ou neuf) groupements différents décrits par Piaget, mais il l'a fait d'une façon qui est formellement irréprochable et surtout qui permet, non seulement de comprendre les mécanismes du fonctionnement cognitif de l'enfant à un moment donné, mais encore les étapes successives préalables qui conduisent à cet aboutissement, d'ailleurs provisoire puisque l'enfant continue à évoluer.

Notons encore que Piaget a également développé un modèle formel — mais tout différent de ceux qui viennent d'être évoqués, puisque de nature probabiliste — pour rendre compte des mécanismes perceptifs (MP).

6. Recherches sur le développement et les mécanismes de la perception visuelle

La parution de (MP) marque l'aboutissement d'un vaste ensemble d'expériences conduites par Piaget et ses collaborateurs du Laboratoire de psychologie expérimentale sur le développement et les mécanismes de la perception[20]. Il est inutile d'analyser en plus de détails ces recherches, nous y reviendrons dans la partie B, ainsi que dans les comptes rendus[21].

7. Épistémologie génétique

> « La science pose (donc), par son existence même, un problème aux savants. En tant que processus d'adaptation de l'esprit au réel, elle constitue le plus intéressant des phénomènes psychologiques — je dirais presque biologiques puisque les schèmes mentaux dont la science est faite dépendent en leur racine de l'organisation psycho-physiologique elle-même. Or, comment résoudre ce problème sans procéder génétiquement, sans retracer avant tout l'histoire de la pensée scientifique ? Étudier la science dans sa genèse et son développement, faire l'histoire et la psychologie des notions sur lesquelles

elle repose, montrer comment les formes de l'esprit humain s'élaborent au contact des faits, telle est nécessairement la méthode à suivre pour qui veut comprendre la nature et le fonctionnement de l'esprit scientifique... C'est grâce à une lente et laborieuse maturation que les notions scientifiques se sont dégagées de celles du sens commun. Seule l'étude de l'intelligence, y compris l'intelligence dite «primitive» et celle des enfants, est susceptible de nous faire comprendre cette genèse[22].»

Cette citation — de vingt ans antérieure à la parution de (EG I), (EG II), (EG III) — marque une intention réalisée par ces trois ouvrages introduisant à l'étude génétique et historique du développement de la connaissance. Mais contrairement à ce que l'on aurait pu craindre, cette monumentale «Introduction à l'Épistémologie génétique» n'est nullement un aboutissement.

En effet, quelques années plus tard, en 1955, Piaget peut créer le «Centre international d'épistémologie génétique» qui réunit chaque année, depuis sa création, des chercheurs de différentes disciplines s'efforçant à contribuer, aussi bien par leurs travaux théoriques que par leurs recherches expérimentales, à l'édification de cette nouvelle science du développement de la connaissance (scientifique, notamment). Une série de publications intitulées «Études d'épistémologie génétique» dont le nombre a dépassé la vingtaine en une quinzaine d'années, témoigne de la fertilité de ces échanges interdisciplinaires[23]. Pour les domaines abordés dans le cadre des travaux de ce «Centre», *cf.* partie B de ce chapitre[24].

8. Recherches sur l'image mentale et la mémoire

Dans le dernier des ouvrages évoqués au paragraphe 5 de ce chapitre, (GSL), Piaget-Inhelder annoncent clairement leur intention de consacrer «un prochain volume»[25] à un examen détaillé du rôle des «images» dans les opérations du sujet. Ce projet a conduit finalement à la parution de (IMM), et certains problèmes posés dans les recherches exposées dans cet ouvrage ont donné lieu à des recherches supplémentaires, exposées dans (MI).

Le statut de ces travaux est particulier dans l'œuvre de Piaget, dans la mesure où il ne vise pas directement à mettre en évidence les interactions sujet-objet, ni à montrer la construction des connaissances par le sujet ou le développement de l'intelligence, en tant que mécanisme d'adaptation au réel. Leur but est, en effet, plutôt de montrer comment se forment, chez les enfants, certains supports ou véhicules de la pensée et comment l'expérience passée est stockée. Et dans la mesure où aussi bien le souvenir que l'image mentale sont des représentations intérieures d'un segment (passé, actuel ou futur) du réel, donc des «significations» ou des signifiants, ces recherches sont parentes des observations présentées dans (FS)[26], elles concernent donc bien plus les fonctions symboliques (ou sémiotiques) que les opérations du sujet. On constatera cependant que les fonctions sémiotiques ne sont pas simplement les supports de la pensée opératoire, mais l'évolution de celle-ci enrichit et élargit considérablement le fonctionnement de celles-là : grâce au développement opératoire, les images mentales deviennent anticipatrices et permettent la représentation de transformations complexes, alors que les souvenirs «progressent» par leur interaction avec les nouvelles connaissances et possibilités opératoires qu'acquiert le sujet[27]. Ce qui nous permet de comprendre que l'image mentale n'est pas une simple «image-copie» du réel, ni la mémoire un simple et statique emmagasinage du passé comme on le suppose et affirme trop souvent dans la littérature expérimentale classique; même les supports de l'activité cognitive du sujet sont modifiés par cette activité et par son évolution au cours du développement de l'enfant.

9. Ouvrages théoriques

La dernière et plus récente époque que nous voulons évoquer ici est caractérisée par la parution d'une série d'ouvrages d'aspect plutôt théorique dont la fonction va d'une polémique à peine cachée à la synthèse supérieure en passant par la vulgarisation (nous ne donnons nullement une connotation péjorative à ce terme) et la grande revue de l'«état de la question». Si nous sommes décidés à présenter ces ouvrages comme un «bloc», c'est essentiellement parce que nous croyons (à tort ou à raison) qu'ils sont, à l'heure actuelle, les plus représentatifs du développement de la pensée de Piaget aujourd'hui. Ils permettent, par conséquent, de comprendre d'une certaine manière les aboutissements provisoires des recherches empiriques s'étalant sur une soixantaine d'années (en zoologie, botanique, psychologie et épistémologie génétique).

Pour ce qui est des «vulgarisations» nous nous référons plus particulièrement à (PE) et (EP), tous deux de volume réduit et assez facilement accessibles, pour ce qui est des «synthèses» et «mises au point» : (SIP), (LC) et (BC). Chacun de ces livres permet de comprendre la position de Piaget par rapport à la philosophie, la biologie et la théorie de la connaissance[28]. Les ouvrages (LC) et (BC) devraient permettre au lecteur de faire le lien entre les travaux empiriques et théoriques de Piaget, en particulier en ce qui concerne les relations entre la biologie et la connaissance et la croissance (historique et ontogénétique) de cette connaissance.

B. VOLETS DE LA PRODUCTION PIAGÉTIENNE

Première partie : épistémologie, philosophie, logique

> «... Les plus grands systèmes de l'histoire de la philosophie sont tous nés d'une réflexion sur les sciences ou de projets rendant de nouvelles sciences possibles. D'où... un mouvement général de l'histoire des idées philosophiques, qui, nées en un état d'indifférenciation entre les sciences et la métaphysique, tendent peu à peu à se dissocier de cette dernière pour donner naissance à des sciences particulières et autonomes, ainsi que la logique, la psychologie, la sociologie et l'épistémologie comme telle qui est de plus en plus l'œuvre des savants eux-mêmes[29].»

L'ouvrage à la fois autobiographique et polémique (SIP) rend assez clairement compte de la tendance piagétienne consistant à tenter d'élever, sur le plan scientifique, les parties «valables»[30] de la philosophie et le lecteur aura déjà remarqué que les domaines auxquels Piaget se réfère ci-dessus sont les domaines des «sciences humaines» auxquels il s'est plus particulièrement consacré. Nous reviendrons plus bas à la psychologie[31] et à la sociologie[32] et nous centrerons pour l'instant notre attention sur la logique et surtout sur l'épistémologie.

> «Sous forme limitée ou spéciale, l'épistémologie génétique est l'étude des états successifs d'une science S en fonction de son développement. Ainsi conçue l'épistémologie génétique pourrait se définir comme "la science positive, aussi bien empirique que théorique, du devenir des sciences positives en tant que sciences". Une science étant une institution sociale, un ensemble de conduites psychologiques et un système *sui generis* de signes et de comportements cognitifs, une analyse rationnelle du développement de cette science porterait donc sur ces trois aspects conjointement.
>
> ... Une étude systématique du développement d'un secteur quelconque de la connaissance scientifique sera nécessairement amenée, en tentant de dégager les racines sociogénétiques ou psychogénétiques de cette variété de connaissance, à pousser l'analyse de ses mécanismes formateurs jusque sur le terrain préscientifique ou infrascientifique des connaissances communes, dans l'histoire des sociétés (histoire des techniques, ex.), dans le développement de l'enfant et même aux frontières des processus physiologiques et des mécanismes mentaux les plus élémentaires conditionnant l'acquisition des connaissances (en ce qui concerne, par exemple, l'apprentissage ou la perception). D'un tel point de vue, on pourrait définir l'épistémologie génétique d'une façon plus large et plus générale comme l'étude des mécanismes de l'accroissement des connaissances. Le caractère propre de cette discipline consisterait alors à analyser, dans tous les domaines intéressant la genèse ou l'élaboration des connaissances scientifiques, le passage des états de moindre connaissance aux états de connaissance plus poussée. En un mot, l'épistémologie génétique constituerait une application, à l'étude des connaissances, de la méthode expérimentale avec variation des facteurs en jeu[33, 34].»

Cette citation, un peu longue, situe clairement les buts, l'objectif et les méthodes de l'épistémologie génétique[35]. Pour Piaget, il s'agit de développer une théorie de la connaissance scientifique qui se centre sur le développement et la genèse de la connaissance en se servant (outre la méthode historico-critique) des données fournies par les recherches en psychologie et sociologie scientifiques. La complexité d'une telle entreprise saute aux yeux et on comprend facilement pourquoi Piaget a eu besoin d'effectuer de nombreuses recherches sur la genèse des fonctions cognitives chez l'enfant avant de pouvoir passer à l'épistémologie génétique proprement dite. Nous savons, en effet, que la psychologie de l'enfant «classique» n'étudie qu'une partie infime des domaines des fonctions cognitives et nous savons, surtout, que la recherche fondamentale a été singulièrement entravée par les besoins pratiques d'ailleurs légitimes de la psychologie appliquée[36]. Il était donc nécessaire de faire les recherches appropriées avant de songer à l'élaboration d'une théorie génétique de la connaissance. Par ailleurs, la complexité intrinsèque de l'épistémologie génétique permet également de comprendre pourquoi elle nécessite la coopération interdisciplinaire d'une équipe de spécialistes. Pour construire une telle théorie, il faut, en effet, faire travailler ensemble les spécialistes d'une discipline donnée (mathématiques, physique, biologie, etc.), des historiens des sciences, des logiciens, des psychologues, etc., et ce autant au niveau de l'élaboration théorique qu'au niveau de la recherche expérimentale et empirique! Les travaux du Centre international d'épistémologie génétique sont caractérisés par cette forme d'interaction et de coopération interdisciplinaire[37]. Les trois volumes de l'«introduction» (EG I), (EG II), (EG III) sont consacrés à la pensée mathématique, la pensée physique, la biologie, la psychologie et la sociologie. Les volumes des (EEG) successifs se regroupent en thèmes : relation entre sujet et objet (lecture de l'expérience, perception et intelligence, processus d'équilibration du sujet, apprentissage opératoire, etc.), recherches théoriques et expérimentales sur l'épistémologie des mathématiques et de la logique (notion du nombre, notions de l'espace, raisonnements récurrentiels, implication, fonction, identité, etc.), du temps et de l'explication physique[38].

*
* *

Selon Piaget le rôle de son utilisation de la logique formelle n'est pas

> «de montrer que l'on peut formaliser les théories psychologiques par le moyen de la logique»

comme cela a été fait par Fitch et Hull, mais

> «d'étudier l'application des techniques logiques aux faits psychologiques eux-mêmes, et plus particulièrement aux structures de la pensée que l'on trouve aux différents niveaux du développement intellectuel[39].»

Cette façon de faire

> « rend alors trois services. En premier lieu elle rend précises des déductions sinon imprécises... en second lieu, le schéma abstrait permet de découvrir des relations nouvelles entre faits généraux ou lois auparavant non comparables... en troisième lieu, le schéma abstrait peut fournir des liaisons causales nouvelles là où elles échappaient à l'analyse[40]. »

La valeur essentielle des modèles ne repose donc pas

> « dans l'axiomatisation des théories psychologiques, une grande distance existe toujours entre l'imprécision relative de ces théories et la rigueur déductive de systèmes logiques... (mais) l'algèbre de la logique peut nous aider pour spécifier les structures psychologiques et pour poser sous formes de calculs ces opérations et structures qui sont centrales dans nos processus de pensée effectifs[41]. »

Dans (LO) Piaget montre[42] qu'on peut concevoir la logique de deux points de vue distincts : comme un système de calculs et de structures (operational algebra) ou comme système axiomatique (science des conditions de vérité ou de théorie de formalisation), mais que la logique axiomatique ne peut pas s'appliquer à ses besoins, qui ne consistent pas à formaliser une théorie psychologique, mais à dégager la structure logique des faits psychologiques. Il y a trois raisons qui empêchent d'utiliser la logique axiomatique :

– la pensée ordinaire de l'adulte, et *a fortiori* la pensée de l'enfant, ne peuvent être formalisées de façon appropriée ;

– l'ordre inhérent à l'axiomatisation renverse à certains égards l'ordre génétique de la construction des opérations ;

– la logique axiomatique est atomiste et l'ordre de ses démonstrations est nécessairement linéaire, tandis que les mécanismes opératoires ont une existence psychologique et sont faits d'*ensembles structurés* dont les éléments sont liés sous forme d'un système cyclique irréductible à une déduction linéaire.

> « En fait nous avons ici quelque chose qui ressemble plus à un système impliquant une organisation biologique qu'à une séquence linéaire de démonstrations. Ainsi nous devons partir dans notre investigation de la vie mentale des structures opératoires[43] elles-mêmes[44]. »

> « Ces trois difficultés nous forcent à interpoler entre la psychologie et la logique axiomatique un *tertium quid*, une « psycho-logique » ou une « logico-psychologie », liée à celles-ci de la même manière que la physique mathématique est liée aux mathématiques pures et à la physique expérimentale[44]. »

Ces quelques remarques sur Piaget-logicien devraient nous permettre de comprendre que son intention n'est nullement de formaliser sa théorie (soit pour la rendre hypothético-déductive, soit pour des raisons « esthétiques »), mais de formaliser les conduites observées, afin d'en approfondir la compréhension et afin d'établir des liens qui n'apparaîtraient pas au niveau des descriptions simplement verbales.

* * *

Deuxième partie : Psychologie

1. Les concepts centraux

Psychologie du développement et psychologie génétique

La PSYCHOLOGIE DU DÉVELOPPEMENT (ou psychologie de l'enfant) se donne pour objectif la tâche de mettre en évidence comment un organisme particulier (dans notre cas, l'enfant) évolue de sa naissance à sa maturité sur le plan du comportement. Dans le cas type elle s'efforcera, par exemple, de décrire en « tranches » successives les conduites caractéristiques de la petite enfance, de l'enfance..., de l'adolescence, etc., ou de présenter pour chaque année de la vie l'ensemble des conduites disponibles (ou nouvelles)[45]. Selon les points de vue que l'on adopte, la psychologie génétique peut apparaître comme une sous-classe un peu particulière de la psychologie du développement ou comme une approche considérablement plus large et plus ouverte.

Commençons par la première perspective et envisageons la PSYCHOLOGIE GÉNÉTIQUE comme une partie de la psychologie du développement. La psychologie génétique apparaît alors comme un mode d'investigation psychologique qui ne se contente pas simplement de décrire (dans un langage généralement normatif) les traits typiques du comportement de l'enfant à tel âge ou à telle période de son développement, mais qui essaie de décrire (ou d'expliquer, selon les ambitions des auteurs et leurs options philosophiques) la genèse du comportement. Il s'agit donc de montrer les origines du comportement (ou d'un ensemble de conduites choisies), ses modifications successives jusqu'à la maturité du sujet, et de mettre en évidence, dans la mesure du possible, le comment et le pourquoi de ces modifications successives.

En langage piagétien cela reviendra à dire que l'on décrit les stades successifs du développement de l'enfant, que l'on montre les structures qui caractérisent ces stades et que l'on tente d'expliciter les filiations qui conduisent d'un stade à l'autre ou d'une structure à la prochaine.

Dans la deuxième perspective, la psychologie génétique apparaît comme une partie de la PSYCHOLOGIE GÉNÉRALE,

> « en tant qu'elle cherche à expliquer les fonctions mentales par leur mode de formation, donc par leur développement chez l'enfant; par exemple, après avoir étudié les raisonnements, opérations et structures logiques chez l'adulte seul, donc à l'état achevé et statique, ce qui a conduit chez certains auteurs (Denkspsychologie allemande) à voir dans la pensée un "miroir de la logique" on a fini par se demander si la logique était innée ou le résultat d'une construction progressive, etc. Pour résoudre de tels problèmes, on recourt alors à l'enfant et, de ce fait même, la psychologie de l'enfant est promue au rang de « psychologie génétique » c'est-à-dire qu'elle devient un instrument essentiel d'analyse explicative, pour résoudre les problèmes de la psychologie générale[46]. »

Si nous avons dit plus haut que la psychologie génétique était descriptive (dans le cadre de la psychologie de l'enfant), nous voyons qu'elle devient explicative pour la psychologie de l'adulte.

Fonctions cognitives et opérations de la pensée

La coutume de découper la psychologie générale en domaines plus ou moins disjoints, mais complémentaires est très ancienne et dans la plupart des systèmes élaborés, on distingue entre les FONCTIONS et STRUCTURES COGNITIVES d'une part et l'ÉMOTION, l'AFFECTIVITÉ, la MOTIVATION de l'autre.

L'aspect cognitif du comportement recouvre des fonctions et des conduites apparemment aussi diverses que la perception, l'intelligence, le raisonnement, le jugement, les prises de décision, etc. Ce sont donc des mécanismes qui permettent au sujet d'articuler son comportement par rapport au réel et son action sur celui-ci.

L'affectivité, les émotions et les motivations, par contre, apparaissent comme l'énergétique, l'économie ou le moteur du comportement. Cette dichotomie des fonctions psychologiques permet de rationaliser le comportement du sujet en affirmant que quelque chose (affectivité, etc.) le pousse à faire quelque chose (comportement) d'une certaine manière (structures cognitives).

Dans l'œuvre de Piaget, cette opposition entre fonctions cognitives et affectivité est d'autant plus évidente que la majorité des travaux (et toutes les recherches expérimentales) sont consacrés à l'étude du développement (ou de la genèse) des fonctions et des structures cognitives. A part quelques articles plutôt théoriques[47], Piaget ne s'est guère penché sur les problèmes de l'affectivité et des relations entre affectivité et cognition.

*
* *

Il convient de signaler deux confusions fréquentes : la première consiste à considérer comme équivalentes les expressions «STRUCTURES (ou fonctions) COGNITIVES» et «INTELLIGENCE», la deuxième consiste à confondre «intelligence» et l'«ENSEMBLE DES FONCTIONS COGNITIVES moins la perception». Dans la pratique ces confusions n'ont pas vraiment d'importance, tant qu'on sait ou croit savoir de quoi on parle : le terme de «fonctions cognitives» est suffisamment vague pour permettre une certaine flexibilité dans les définitions, le terme de «perception» est assez intuitif, mais le terme «intelligence» pose des problèmes, car on dispose de définitions différentes, sinon contradictoires, à son sujet. Avec English & English[48] nous pouvons distinguer pour l'intelligence au moins les perspectives suivantes :

1. fonction hypothétique (ou théorique) estimée par un test d'intelligence ;

2. ensemble des conduites d'un sujet concernant la résolution de problèmes, la cognition et la discrimination ;

3. aptitude à entreprendre des activités caractérisées par leur difficulté, degré d'abstraction, etc. (cette aptitude peut être mesurée par des tests appropriés) ;

4. résultat d'un individu aux tests d'intelligence ;

5. capacité de se servir de son expérience acquise ; etc.

Et il va sans dire que Piaget distingue encore quelques positions possibles, dont English & English n'ont pas tenu compte, faute de connaître la littérature européenne[49]... En se référant à (PI) le lecteur pourra connaître la position de Piaget qui consiste à affirmer essentiellement que

«l'intelligence constitue l'état d'équilibre vers lequel tendent toutes les adaptations successives d'ordre sensori-moteur[50] et cognitif, ainsi que tous les échanges... entre l'organisme et le milieu[51].»

Pour Piaget, l'intelligence apparaît donc essentiellement comme une capacité qui permet au sujet d'adapter son comportement (y incluses ses connaissances et sa pensée) aux modifications du milieu. L'avantage d'une telle définition c'est qu'elle ne préjuge ni des instruments de mesure ou de détection, ni des conduites que l'on peut définir, le cas échéant, comme intelligentes ; elle fournit, par contre, quelques critères pour décider de ce qu'on va considérer comme intelligent[52].

*
* *

Le terme « opération » évoque, pour la plupart des gens, un ensemble d'associations qui se rapportent soit à la chirurgie, l'arithmétique ou encore les affaires bancaires. On l'utilise pour dire qu'on « fait quelque chose ». Si ce terme est si fréquemment utilisé par les piagétiens, cela tient évidemment au fait qu'ils s'intéressent de très près aux actions du sujet, à ce qu'il fait.

Mais il faut savoir que les termes « ACTION » et « OPÉRATION » ne sont pas strictement équivalents pour Piaget. Le terme action désigne effectivement ce que le sujet fait, son comportement observable. Le terme opération, par contre, désigne un type d'action particulier qui présente les propriétés suivantes : il peut être intériorisé (cela veut dire que le sujet, au lieu d'effectuer réellement l'action, peut la penser dans sa tête), il est réversible (ce qui veut dire que l'opération est un type d'action que l'on peut non seulement faire, mais aussi défaire; on peut donc renverser l'effet d'une opération), et finalement l'opération fait partie de ce que Piaget appelle une structure d'ensemble. Cela veut dire que les opérations ne possèdent pas seulement une opération inverse ou réciproque (puisqu'elles sont réversibles), mais encore que des opérations tendent à s'articuler entre elles, de façon à former un système d'opération ou justement une structure d'ensemble[53]. Si nous pouvons faire et défaire quelque chose, nous pouvons souvent obtenir l'effet de « faire » en passant par un détour ou par une autre voie, par exemple. Il va sans dire que l'opération (puisqu'elle peut être intériorisée) peut aussi bien porter sur des objets réels (ou concrets) que sur des objets ou concepts ou propositions abstraits (donc des objets formels). Par ailleurs, il est également assez évident que l'opération peut aussi bien consister à *combiner des objets* entre eux, à les déplacer ou à *transformer des objets*.

Prenons un exemple en imaginant que nous disposons d'un univers de départ constitué de jetons de forme, de grandeur et de couleur différentes. Nous pouvons articuler cet univers en classant, par exemple, les objets selon leur forme : « les carrés et les ronds et les triangulaires et... et... etc. » ou selon leur couleur : « les rouges et les verts et... et les noirs et... etc. » De tout temps nous pouvons défaire une telle articulation (cette opération de classification est donc réversible) et nous pouvons simplement penser une telle articulation (l'opération est donc intériorisable). Nous voyons même qu'un tel système d'articulation est une structure d'ensemble, où nous pouvons soit envisager l'univers sous l'angle des formes et des couleurs (Piaget appellerait cela une classification vicariante) soit en envisageant notre univers sous ces deux aspects à la fois, ce qui nous donnerait un système de classification « multiplicatif » du type suivant : « les carrés rouges et les carrés verts et... et les carrés

noirs... et les ronds verts et les ronds rouges... et les ronds noirs et... etc.».
De toute évidence un tel système peut être compliqué à souhait (en y introduisant encore la grandeur comme dimension supplémentaire, par exemple)[54].

Piaget a coutume de distinguer entre les opérations concrètes et les opérations formelles. Les deux types d'opérations présentent les mêmes propriétés : il s'agit chaque fois d'actions réversibles, intériorisables et intégrées à une structure d'ensemble. Mais les premières restent liées comme leur nom l'indique d'ailleurs, à un substrat concret, donc des objets réels; en plus, le sujet qui fonctionne au niveau de ces opérations concrètes est limité dans la complexité des systèmes qu'il peut articuler[55] et il paraît incapable d'articuler des univers composés d'objets quelconques. Il a, en effet, besoin d'une certaine parenté entre les objets qui constituent son univers d'action, cette parenté devant préexister à son action sur l'univers. A cet égard la logique des opérations concrètes n'apparaît donc pas comme une simple structure formelle (indépendante du contenu éventuel dont on voudrait la remplir) ou mathématique (que l'on peut essayer d'appliquer à n'importe quel contenu), mais comme une logique particulière qui tient à la fois compte des opérations et du contenu.

Les opérations formelles, par contre, apparaissent comme une structure « pure » indépendante de supports concrets et applicable à n'importe quel contenu. Le niveau des opérations concrètes est le niveau de fonctionnement typique des enfants de 7-8 à 11-12 ans, tandis que les opérations formelles se construisent à partir de 11-12 ans jusque vers 14-15 ans[56].

Notions d'invariants et de conservation

Avec le développement des opérations concrètes, l'enfant n'apprend pas seulement à agir sur le monde qui l'entoure d'une façon particulière, afin de l'articuler et de l'organiser selon différentes façons. Il apprend également que certaines de ses actions ne modifient que plus ou moins partiellement la situation et que certaines propriétés d'une situation ou d'un objet sont invariantes par rapport à l'action qui leur est imprimée.

Ainsi l'enfant peut découvrir que la déformation des objets ne change en rien leur poids, leur quantité de substance ou leur volume, bien que la forme des objets, leur apparence extérieure (ainsi que leur surface extérieure, par exemple), etc., aient été modifiées. De même le déplacement d'un objet ne change pas sa longueur et le découpage en morceaux suivi d'un nouvel assemblage ne modifie en rien la surface d'un carré ou le volume d'un cube.

Les arguments invoqués par l'enfant pour expliquer ces propriétés particulières relèvent des mêmes mécanismes que les opérations concrètes. Les réponses typiques décrites par Piaget[57] portent en effet sur la réversibilité de l'action effectuée, l'identité de l'objet avec lui-même ou la compensation d'un changement apparent par un autre changement. Dans l'expérience classique de la boule de pâte à modeler déformée, l'enfant dira par exemple :

> « il y a toujours autant de pâte à modeler parce qu'on peut refaire la boule comme elle était avant »

(réversibilité par inversion de la transformation),

> « il y a la même chose parce qu'on n'a rien ajouté ni enlevé »

(identité de l'objet avec lui-même),

> « la saucisse est plus longue, mais plus mince que ne l'était la boule de pâte à modeler »

(compensation des changements apparents ou réversibilité par réciprocité des relations). L'enfant a donc compris que la déformation de cet objet ne modifie en rien la quantité de substance présente.

Précisons que les notions d'invariance des différentes propriétés physiques et géométriques (surface, longueur, etc.) ne s'installent pas simultanément mais que leur acquisition s'étale sur toute la période des opérations concrètes[58] (*cf.* également p. 49 et 53 ss.).

*
*   *

Facteurs du développement, mécanismes d'adaptation et régulateurs du comportement

La psychologie classique du développement tend à opposer, comme facteurs déterminant l'évolution psychologique (et générale), deux mécanismes : l'HÉRÉDITÉ et l'ENVIRONNEMENT. Par hérédité, on sous-entend généralement l'ensemble de facteurs plus ou moins « physiologiques » qui pourraient influencer le développement de l'enfant : les montages héréditaires, la maturation physique, les dispositions congénitales, etc. Par environnement, on résume toutes sortes d'actions que l'environnement physique (les choses qui entourent l'enfant) et surtout social (les parents, les maîtres, les pairs, certains mass media, etc.) exercent sur l'enfant afin d'en manipuler ou modifier, explicitement ou non, le comportement (éducation, scolarisation, etc.). Certains auteurs incluent les conditions de nutrition (pré- et postnatale), les conditions de la vie fœtale (compression utérine, conditions de vie pendant la grossesse, etc.) dans les actions de l'environnement sur l'enfant.

Une discussion longue et passionnée — d'ailleurs préparée par les philosophes «nativistes» (ou innéistes) et «empiristes» — a porté et continue à porter sur les rôles respectifs de l'hérédité et de l'environnement dans le développement de l'enfant. On peut distinguer quatre positions possibles : dominance de l'un ou de l'autre de ces facteurs, interaction entre ces facteurs avec ou sans estimation quantifiée de leur rôle respectif[59]. La critique essentielle à adresser à ces tentatives d'explication, dont le caractère spéculatif n'échappera à personne (du fait que les faits établis sur lesquels fonder une discussion scientifiques sont rares), c'est que dans tous les cas, le développement envisagé est naïvement déterministe, dans la mesure où l'enfant semble complètement soumis à un modelage (physiologique ou environnemental) auquel il assiste passivement.

C'est le mérite de la psychologie du développement moderne (nous y incluons, entre autres, aussi bien les skinnériens, les piagétiens et quelques représentants de la psychologie soviétique) d'avoir montré que l'enfant (aussi bien que n'importe quel organisme normal) n'est pas passivement soumis à toutes sortes d'influences, mais que *l'enfant contribue activement à la construction de sa personne et de son univers*. Dans la psychologie piagétienne cela veut dire que l'enfant n'est pas simplement soumis aux influences de l'environnement physique et social, mais qu'il agit sur cet environnement par des comportements multiples qui le modifient, le changent et le font réagir.

La connaissance que l'enfant se construit de l'univers dans lequel il vit ne se base pas seulement sur des enseignements et des perceptions, mais surtout sur toutes sortes de découvertes faites en agissant sur les choses, en les combinant, en les articulant, en les transformant, en les comparant, en les dénombrant, etc. Ces ACTIVITÉS permettent, d'une part, de découvrir les propriétés des choses en relation avec les actions que l'on exerce sur elles, d'autre part, elles s'enrichissent continuellement par les nouvelles situations auxquelles elles s'appliquent; elles deviennent flexibles en fonction des modifications auxquelles elles sont soumises pour s'appliquer aux nouvelles situations[60].

A ces trois facteurs du développement, Piaget en ajoute, depuis ses tous premiers travaux, un quatrième : l'ÉQUILIBRE ou l'ÉQUILIBRATION[61]. Du fait que c'est un concept qui a préoccupé Piaget pendant toute sa carrière, il serait relativement aisé de proposer l'une ou l'autre des tentatives de définition de ce facteur qui se distribuent sur l'ensemble de l'œuvre depuis 1918 à aujourd'hui. Mais dans le meilleur des cas, le lecteur risquerait de se retrouver avec une belle collection de citations dont il ne saurait que faire[62]. Nous nous bornerons donc à schématiser quelques perspectives possibles (en tentant de rester fidèles aux textes de Piaget ou aux interprétations effectives ou potentielles de ceux-ci) pour arriver à situer sa position actuelle qui consiste à dire que l'équilibration est

> « une suite de compensations actives du sujet en réponse aux perturbations extérieures »

qui se fait par un système permanent de compensations constitué

> « d'un réglage à la fois rétroactif (...) et anticipateur[63]. »

En d'autres termes, l'équilibration permet au sujet de se réadapter au réel lorsque celui-ci se modifie d'une quelconque façon; le sujet compense ces modifications par des réglages de son comportement, réglages qui interviennent de façon rétroactive (c'est-à-dire qu'ils entrent en fonction lorsque la modification a déjà eu lieu : « feed-back ») ou de façon anticipatrice (c'est-à-dire qu'ils entrent en jeu pour prévenir une modification du milieu prévue ou anticipée par le sujet : « feed-forward »).

Les textes antérieurs de Piaget, moins explicites, permettent d'arriver à une interprétation semblable ou à l'une ou l'autre des interprétations suivantes :

1. l'équilibre ou équilibration est vue comme une tendance à réagir aux modifications de l'environnement (et non comme un mécanisme pour y réagir) ce qui en ferait une sorte de mécanisme énergétique du développement (motivation à agir);

2. l'équilibre n'apparaît pas seulement comme un facteur de compensation entre le sujet et le milieu, mais aussi comme un mécanisme de correction de perturbations intérieures au sujet (ex. : insuffisances du milieu social compensé par l'activité autonome du sujet, etc.);

3. l'équilibration apparaît comme un nouveau facteur de développement, produit de l'interaction des facteurs hérédités, action du milieu et action sur le milieu;

4. dans la mesure où elle apparaît comme cause ou comme explication du passage d'un niveau opératoire à un niveau opératoire supérieur (passage des opérations concrètes aux opérations formelles, par exemple), l'équilibration pourrait être interprétée comme un facilitateur de la finalité du développement;

5. finalement, nous pourrions interpréter l'équilibration comme une tendance du sujet à résoudre les dissonances cognitives (au sens de Festinger); etc.

Ces perspectives, un peu hasardeuses en partie, devraient montrer au lecteur le pluralisme interprétatif qui peut se dégager des positions successives de Piaget et l'encourager à coordonner lui-même les points de vue, avant de se laisser fixer par une interprétation unique, conditionnée par l'époque et le contexte de sa publication.

*
* *

Lorsque Piaget parle d'adaptation il distingue, en général, deux mécanismes à la fois antagonistes et complémentaires : l'ASSIMILATION et l'ACCOMMODATION. L'assimilation consiste à intégrer un nouvel objet ou une nouvelle situation à l'ensemble des objets ou situation auxquels une conduite existante est déjà appliquée. Ainsi le « schème »[64] de préhension (conduite consistant à prendre un objet avec les mains) est peu à peu appliqué à toutes sortes d'objets et la catégorie des objets « préhensibles » s'enrichit de plus en plus. Inversement et simultanément le sujet est forcé par les contraintes du réel (objets grands et petits, anguleux ou arrondis, lourds et légers, etc., dans notre exemple) de modifier son « schème » de préhension pour pouvoir effectivement prendre l'objet : la façon de prendre, le mouvement des doigts, la force à exercer, etc. doivent être adaptés aux contingences matérielles de l'objet. Ce processus d'accommodation enrichit donc un « schème » d'action en le rendant plus flexible et plus universel[65]. Il paraît évident que dans le cas normal, le processus d'adaptation nécessite un certain équilibre interne au sujet entre l'accommodation et l'assimilation. Si, en effet, l'assimilation l'emporte sur l'accommodation, l'enfant enrichit bien les ensembles d'objets auxquels une conduite peut s'appliquer, mais la conduite elle-même ne se différencie que de façon insuffisante, ce qui conduit à une adaptation peu satisfaisante. Et inversement, si l'enfant ne fait qu'accommoder ses conduites aux situations locales, mais sans s'assimiler les contenus auxquels elles s'appliquent, il ne parviendra pas à enrichir et à approfondir son champ de connaissances. Nous verrons cependant[66] qu'il existe des conduites d'un niveau supérieur au simple comportement moteur où l'un et l'autre des aspects peut passagèrement l'emporter dans des situations particulières (dominance de l'accommodation dans les jeux d'imitation ; dominance de l'assimilation dans le jeu symbolique[67]).

*
* *

On trouve assez souvent chez Piaget trois termes, RYTHMES, RÉGULATIONS et OPÉRATIONS, qui servent à caractériser différents modes d'articulation du comportement face au réel. Ce sont ces termes qui sont parfois utilisés[68] par Piaget pour caractériser les «structures d'ensemble» typiques à un niveau du développement mental de l'enfant, tandis qu'ailleurs ils apparaissent comme n'étant

> «pas surajoutée(s) à la construction des formes[69] et des échanges[70], mais qu'... (ils) participe(nt) à cette construction à titre d'instrument(s) principal(aux) en ce sens que cette construction, non seulement en résulte, mais encore est en elle-même une autorégulation[71, 72].»

Selon son niveau de développement l'enfant articulera son action par des rythmes, des régulations plus ou moins raffinées ou des opérations. Inversement, plus ses mécanismes sont évolués, plus l'enfant pourra tirer de nouvelles informations de son action.

Dans les premiers mois de la vie, l'enfant tend à présenter des conduites où une action est répétée sans raison extérieure et ceci plusieurs fois de suite. Ces actions répétées, souvent interprétées comme l'exercice fonctionnel de conduites héréditairement montées (réflexes) ou nouvellement acquises, peuvent être considérées comme des rythmes. L'enfant répète une action, au début avec des variations minimales (réactions circulaires primaires et secondaires)[73] et plus tard en variant les détails de la conduite ou en variant l'objet auquel la conduite est appliquée.

C'est ainsi que débutent les plus simples régulations (de type moteur). L'enfant adapte son comportement aux particularités de l'objet en réglant son mouvement ou sa manœuvre. La régulation devient un mécanisme qui permet de corriger de façon appropriée l'inadéquation éventuelle des conduites lorsqu'elles doivent s'adapter à de nouvelles situations.

Lorsque l'enfant devient capable de se représenter ses actions au lieu de les effectuer de proche en proche, la régulation elle-même peut s'intérioriser et de ce fait elle devient plus flexible (dans la mesure, où l'enfant n'a plus besoin d'effectuer tous ces mouvements pour en avoir l'effet). Ainsi la simple régulation se transforme peu à peu en opération (concrète pour l'instant) qui se caractérise par sa réversibilité, donc par un système de régulation extrêmement perfectionné, et par sa structure d'ensemble raffinée qui permet à l'enfant d'anticiper, dans une large mesure, les effets d'une intervention. Ceci enrichit la régulation rétroactive (qui intervient lorsqu'on constate les effets obtenus) du stade préopératoire d'une régulation proactive ou justement anticipatrice.

C'est ainsi que l'enfant passe donc d'un simple système de répétition de l'action (rythmes) à l'ajustement de son action (régulations « simples ») puis de son raisonnement (régulations plus complexes) pour arriver au niveau des opérations concrètes puis formelles, où il dispose d'un système de régulations aussi bien rétroactives que proactives.

*
* *

Les mécanismes d'abstraction

Lorsque l'enfant agit sur le réel il obtient une série d'informations s'y rapportant et concernant l'effet de ses actions sur celui-ci.

En regardant et en manipulant des objets l'enfant découvre d'une part les propriétés des objets : ils ont des couleurs, des formes, un poids, des qualités au toucher, sonores, etc. Les objets ont un nom ou plusieurs noms, ils ont une ou plusieurs fonctions, on peut en faire quelque chose, etc. D'autre part, l'action sur les objets elle-même permet de découvrir de nouvelles propriétés : certains se cassent sous l'effet d'une action particulière, d'autres rebondissent, etc., l'action sur les objets en modifie certaines propriétés tandis que d'autres restent invariées, etc.

A un premier niveau le sujet tire de son action essentiellement des connaissances pratiques du type « avec ceci ont peut faire cela » qui contribuent bien à un élargissement de ses possibilités d'action (en enrichissant les schèmes par assimilation et par accommodation), mais sans conduire immédiatement à la formation de concepts ou de représentations précis. Le sujet se construit plutôt des catégories pratiques d'objets qui peuvent être traités par un schème particulier (on peut « lancer » des cubes en bois, des animaux pour jouer, des poupées, ...), ces catégories n'étant évidemment ni exhaustives, ni stables[74]. Et inversement l'enfant découvre qu'à un objet particulier (un cube de bois, par exemple), on peut appliquer toute une série de schèmes, tels que regarder, sucer, lancer, prendre, retourner, ... À souligner cependant, le fait que cette articulation de l'univers est pratique et ne permet pas encore l'établissement de concepts abstraits ou de représentations organisées.

La période où l'enfant devient capable de former des concepts qui correspondent à notre idée adulte de ce terme[75] est précédée d'une étape préconceptuelle. A ce niveau, l'enfant devient capable de se servir des instruments de la représentation (langage, dessin, images visuelles, etc.)[76], mais il ne dispose pas encore d'une pensée « logique » proprement dite (celle-ci ne commence, en effet, à se mettre en place qu'avec les opérations concrètes, donc à partir de 7-8 ans). De ce fait l'enfant établit des «préconcepts» qui ne sont pas basés sur l'abstraction des propriétés particulières des objets, mais sur des abstractions particulières, liées aux proximités spatiales et temporelles des objets, et sur des tentatives abusives de généralisation. A l'âge de 13 mois, par exemple, l'une des filles de Piaget[77] désigne un chien par «vouaou», puis en l'espace de quelques mois ce terme est appliqué au propriétaire du chien, à des dessins géométriques, à un cheval, deux chevaux, une voiture d'enfant avec un bébé et une dame, des poules, des cyclistes, etc. Mais à l'âge de 16 mois déjà ce terme semble être définitivement réservé aux chiens.

On voit donc que ce n'est ni le langage, ni la transmission sociale à eux seuls qui conditionnent le développement d'une pensée conceptuelle. Il faut apparemment, en plus, un développement de la pensée qui permet des représentations multiples et flexibles et un système d'actions intériorisées pour opérer[78].

C'est à ce moment que deviennent possibles des abstractions qui portent soit sur des propriétés particulières des objets (établissement de classes d'équivalence, comparaisons, etc.) soit encore sur les propriétés particulières des actions portant sur le réel (le changement de forme d'une boulette de pâte à modeler n'entraîne pas un changement de quantité de pâte à modeler, la modification de la disposition spatiale de quelques objets ne change pas leur nombre, etc.). Piaget appelle «ABSTRACTION SIMPLE» l'abstraction qui part des objets et de leurs propriétés et «ABSTRACTION RÉFLÉCHISSANTE»[79] l'abstraction qui part des actions et de leurs propriétés.

2. *Le problème des stades et les grandes périodes du développement*

Toute psychologie du développement en arrive, tôt ou tard, à devoir se schématiser sous forme de périodes ou de stades du développement. D'une part, la richesse et l'étendue des connaissances acquises nécessitent une structuration du savoir et d'autre part, ce qui est plus important, il semblerait effectivement que les auteurs les plus divers observent des changements tels qu'il est impossible d'en parler en termes de simple accumulation ou de modification quantitative des conduites. Souvent, il apparaît nécessaire de parler de changements qualitatifs du comportement de l'enfant (ex. apparition du langage, adolescence, etc.) et de schématiser un ensemble de comportements caractéristiques par une étiquette appropriée[80].

*
* *

Le problème des stades

Pour Piaget, il ne suffit pas d'ordonner chronologiquement quelques conduites apparemment particulièrement typiques du comportement de l'enfant à un âge donné. Il pose un certain nombre de conditions, auxquelles la description du développement doit suffire, pour se donner le droit de parler de stades[81]; il faut :

1. que la succession des conduites soit constante, indépendamment des accélérations ou des retards qui peuvent modifier les âges chronologiques moyens (*note* : on distingue donc toujours, en psychologie, l'âge chronologique et l'âge mental) en fonction de l'expérience acquise et du milieu social (comme des aptitudes individuelles);

2. que chaque stade soit défini, non pas par une propriété simplement dominante, mais par une structure d'ensemble caractérisant toutes les conduites nouvelles propres à ce stade;

3. que ces structures présentent un processus d'intégration tel que chacune soit préparée par la précédente et s'intègre dans la suivante[82].

Il va de soi qu'à ces conditions formelles s'ajoutent des conditions plus pratiques. On ne peut, en effet, pas exiger qu'un stade se présente immédiatement sous sa forme la plus évoluée et on distinguera dans la pratique la phase de préparation ou les «processus de formation» et la période d'achèvement ou les «formes d'équilibre finales»[83] (en un sens relatif, bien entendu : de la phase d'équilibre, provisoirement atteinte, le sujet passera à des niveaux plus élaborés). Ce sont pourtant les formes finales d'équilibre qui définissent, à des niveaux différents, les structures d'ensemble qui caractérisent le comportement du sujet. Nous distinguons donc dans une première approche trois stades essentiels du développement intellectuel de l'enfant, à savoir :

1. le stade du développement sensori-moteur, de la naissance à l'âge de deux ans;

2. le stade des opérations concrètes, de 2 ans à 11-12 ans;

3. le stade des opérations formelles qui débute vers 11-12 ans.

Continuité fonctionnelle et discontinuité structurale

Mais même sous cette forme affaiblie par les précautions que nous venons de formuler, le développement intellectuel de l'enfant apparaît comme un processus continu. Il convient en conséquence de distinguer avec Piaget entre la «continuité fonctionnelle» et la «discontinuité structurale» du développement. Si le développement intellectuel apparaît dans son ensemble, donc à un niveau d'approximation assez grossier, comme un processus continu allant de formes d'adaptation au réel moins bonnes à des formes d'adaptation meilleures et à la formation d'une connaissance toujours plus approfondie, on constate, néanmoins, au niveau d'analyse plus affiné, qu'il existe des discontinuités : les formes d'adaptation ne changent pas simplement sur le plan de la « quantité d'adaptation possible », mais aussi par la « structure » des mécanismes d'adaptation (adaptation par l'action directe et par des ajustements grossiers, adaptation par des mécanismes opératoires intériorisés, réversibles et reliés entre eux, etc.). « Continuité fonctionnelle » signifie donc que le développement intellectuel, les adaptations possibles, s'élaborent d'une façon telle que le sujet soit de mieux en mieux adapté au réel (et, en particulier, sans qu'il y ait de crises ou des régressions dans le développement normal). « Discontinuité structurale » signifie que les structures d'ensemble qui caractérisent les formes d'adaptation, à différents niveaux du développement, ne peuvent être réduites à une simple amplification quantitative, mais qu'il existe des ruptures entre les structures successives qui doivent être étudiées et expliquées en elles-mêmes[84].

Les grandes périodes du développement

Aux tableaux 3 et 4 (p. 45 et 46) nous avons rapporté les articulations des stades du développement intellectuel de l'enfant d'après plusieurs travaux de Piaget, espérant pouvoir ainsi éviter un certain nombre de malentendus. Le lecteur constate, en effet, (*cf.* tab. 3) que dans différentes versions parues entre 1940 et 1970 le nombre des stades décrits, leur dénomination, et le poids donné à chacun ne sont pas constants.

*
* *

Le stade sensori-moteur

Ainsi, par exemple, le stade que nous appelions sensori-moteur apparaît généralement comme un bloc (période de l'intelligence sensori-motrice), mais dans les versions de 1940 et 1955 (tab. 4) il présente une articulation intérieure : dans la version de 1955, Piaget a repris l'ensemble des sous-stades du développement sensori-moteur décrits dans (NI) et (CR), ouvrages-clés sur ce sujet. Nous disposons donc dans le tableau 4 d'une analyse plus fine et d'une description plus détaillée du développement de l'enfant de sa naissance à l'âge de deux ans. Dans la version de 1940 [reproduite dans (SP)[88]], par contre, Piaget différencie les montages héréditaires (rythmes biologiques) et les premières habitudes motrices (ébauche des premiers rythmes au niveau du comportement) — c'est-à-dire les deux premiers sous-stades du développement sensori-mo-

Tableau 3. — **Les différentes versions des stades du développement de l'enfant dans l'œuvre de Piaget.**

Âge (estimation moyenne)	0 1 2 3 4 5 6 7 8 9 10 11 12
1) (SP) (1940)	
– stade des montages héréditaires	x
– premières habitudes motrices	xxxx
– intelligence sensori-motrice ou pratique	xxx
– intelligence intuitive	xxxxxxxxxxxxxxx
– opérations concrètes	xxxxxxxxxxxxxxxx
– opérations formelles	xxxxxxx
2) (PI) (1947)	
– stade sensori-moteur	xxxxxx
– stade préopératoire	
- intelligence préconceptuelle	xxxxxxxx
- pensée intuitive	xxxxxxxxx
– opérations concrètes	xxxxxxxxxxxxxxxxx
– opérations formelles	xxxxxxx
3) (PE) (1966)	
– stade sensori-moteur	xxxxxx
– opérations concrètes[85]	xxxxxxxxxxxxxxxxxxxxxxxxxxxxx
– opérations formelles	xxxxxxx
4) (BC) (1967)	
– sensori-moteur	xxxxxx
– opérations concrètes[86]	xxxxxxxxxxxxxxxxxxxxxxxxxxxx
– opérations formelles	xxxxxxx
5) (EP) (1970)	
– stade sensori-moteur	xxxxxx
– 1ᵉʳ niv. préopératoire	xxxxxx
– 2ᵉ niv. préopératoire	xxxxxxxxxxx
– 1ᵉʳ niv. des op. concrètes	xxxxxxxxx
– 2ᵉ niv. des op. concrètes	xxxxxx
– opérations formelles	xxxxx

Présentation schématique des modes du développement mental de l'enfant selon cinq ouvrages de Piaget parus entre 1940 et 1970.

Tableau 4. — Récapitulation des stades et des sous-stades du développement mental de l'enfant[87]

Âge (estimation moyenne)	0	1	2	3	4	5	6	7	8	9	10	11	12	13	14
I. *Période de l'intelligence sensori-motrice*															
1. exercices réflexes (0 à 1 mois)	x														
2. premières habitudes (1 à 4 mois)	x														
3. coordination vision-préhension (4 à 8 mois)	xx														
4. coordination des schèmes secondaires et application à des situations nouvelles (8 à 12 mois)	xx														
5. différenciation des schèmes d'action, découverte de moyens nouveaux (12 à 18 mois)	xx														
6. début de l'intériorisation des schèmes; inventions de nouveaux moyens par combinaison (plus de 18 mois)	xxx														
II. *Période de préparation et d'organisation des opérations concrètes*															
a) La sous-période des représentations préopératoires															
1. apparition de la fonction symbolique et début de l'intériorisation des schèmes d'action en représentations (2 à 3-6 ans)			xxxxxxx												
2. organisations représentatives fondées soit sur des configurations statiques, soit sur une assimilation à l'action propre (3-6 à 5-6 ans)				xxxxxxxxx											
3. régulations représentatives articulées (5-6 à 7-8 ans)						xxxxxxxxx									
b) La sous-période des opérations concrètes															
1. opérations simples (7-8 à 9-10 ans)								xxxxxxx							
2. achèvement de certains sytèmes d'ensemble (espace et temps, notamment), «opérations complexes» (9-10 à 11-12 ans)										xxxxxxxxx					
III. *Période des opérations formelles*															
1. « premier stade » (préparation des opérations formelles) (11-12 à 13-14 ans)												xxxxxxx			
2. « second stade » (palier d'équilibre des opérations formelles) (à partir de 13-14 ans)															xxxxx

teur — de l'intelligence sensori-motrice ou pratique proprement dite (ce qui la met alors plus clairement en lumière comme période d'achèvement d'une période caractérisée par la structure d'ensemble des rythmes, ainsi que par certaines articulations au niveau de l'action elle-même)[89].

Le stade des opérations concrètes et des sous-périodes

Pour ce qui est du grand stade des opérations concrètes (de 2 ans à 11-12 ans), c'est de nouveau au tableau 4 que nous en trouvons la description la plus détaillée (II. Période de préparation et d'organisation des opérations concrètes). Il convient de distinguer une phase de préparations multiples de 2 ans à 7-8 ans (tab. 4, *cf.* II A.) et une phase d'achèvement progressif (tab. 4, *cf.* II B.). La première phase, parfois résumée sous le terme de « stade préopératoire »[90] se divise elle-même en sous-périodes importantes dans la mesure où elles permettent de comprendre la mise en place des supports de la pensée opératoire (représentation, conduites intériorisées) et la préparation de la pensée proprement opératoire (passage des régulations « simples » aux régulations plus complexes et articulées). De même, le stade des opérations concrètes peut être subdivisé en un premier sous-stade, où des opérations relativement simples peuvent être mises en place (classifications et sériations simples, dénombrement et opérations sur le nombre peu complexes, notions élémentaires des invariants physiques, géométriques et logico-mathématiques, etc.), tandis qu'au deuxième sous-stade l'enfant arrive à maîtriser des situations plus complexes (développement des conduites de mesure, compréhension de la relativité des points de vue spatiaux et temporels, notion de l'invariance de propriétés complexes des objets, etc.).

Le niveau préopératoire

En ce qui concerne la période de préparation des opérations concrètes on peut grossièrement distinguer deux aspects qui se retrouvent dans ces différentes tentatives de classification rapportées aux tableaux 3 et 4.

a) *Au niveau des comportements observables*, les « performances » des sujets dans différentes situations de type « problem-solving » différencient clairement l'enfant préopératoire de l'enfant du stade sensori-moteur ou du niveau des opérations concrètes. Ainsi les concepts que l'enfant se construit, demeurent-ils des « préconcepts, dans la mesure où ils demeurent à mi-chemin entre la généralité du concept et l'individualité des éléments qui le composent, sans atteindre ni l'un ni l'autre » car l'enfant « ne manie pas encore les classes générales »[91], faute de comprendre « le rapport de sous-classe faute d'un réglage du "tous" et du "quelques" »[92]. Cette difficulté est encore augmentée par l'incapacité de l'enfant de coordonner des objets ou des espaces lointains ou espacés dans le temps (« en face d'un objet x » l'enfant aura de la peine à distinguer « s'il s'agit d'un même terme individuel x ou d'un représentant quelconque x ou x' de la même classe » à laquelle x appartient). De même les relations entre objets que l'enfant établit demeurent à un niveau primitif, étant donné que la relation établie tend à devenir une propriété de l'un des objets (« prérelation », exemple : lorsqu'un sujet, Pierre, a un frère, Jacques, il contestera que Jacques a également un frère « puisqu'ils ne sont que deux dans la famille »)[93]. D'autres formes de ce raisonnement préopératoire se manifestent dans la précausalité (explication anthropocentrique du monde et de ses phénomènes physiques, etc.) et dans la transduction (forme de raisonnement particulière et irrecevable sur le plan logique allant du particulier au particulier)[94].

En résumé, la pensée préopératoire demeure à mi-chemin entre le schème d'action du niveau sensori-moteur et la pensée conceptuelle du niveau opératoire, « faute de dominer avec assez de recul la situation immédiate et présente, comme ce devrait être le cas de la représentation par rapport à l'action »[95].

b) *Développement de la Représentation*. Ceci nous conduit précisément à nous pencher sur le développement de la représentation entre le stade sensori-moteur et le début des opérations concrètes, ainsi que sur les mécanismes qui semblent régir la pensée de l'enfant entre ces deux périodes.

— D'une part, l'enfant devient capable de représentation au sens qu'il peut se représenter une action au lieu ou avant de l'exécuter réellement. L'action effective de l'enfant n'est donc plus immédiate et directe, mais elle devient « réfléchie » — mais cette représentation est encore peu mobile (limitée par les situations sur lesquelles elle peut porter qui doivent être plus ou moins connues, par l'espace qui doit être proche, etc.) et surtout elle porte bien plus sur des états, des configurations statiques que sur des transformations, des processus dynamiques ou des opérations.

— D'autre part, l'enfant devient capable de désigner des objets et des situations par des systèmes symboliques et non plus seulement par l'action directe. En d'autres termes, les fonctions symboliques ou sémiotiques commencent à se construire dans la période de préparation des opérations concrètes[96]. Dans (PE) on trouve un excellent résumé des différentes fonctions sémiotiques[97]. Notons, cependant, que le développement de ces fonctions ne s'effectue pas indépendamment du développement opératoire, mais que ce dernier enrichit les fonctions sémiotiques à bien des égards (tout en n'étant lui-même possible que grâce à l'appui des formes élémentaires de la représentation et des fonctions sémiotiques)[98].

Le stade opératoire concret - premier niveau

Dès 5-6 ans, mais surtout à partir d'un tournant essentiel qui semble se prendre vers l'âge de 7-8 ans, on observe chez l'enfant des « progrès » qui s'étendent à un grand nombre de conduites dont on ne pouvait auparavant que constater l'insuffisance par rapport au mode de pensée de l'adulte et par rapport à « sa » logique. L'enfant devient capable de classer les objets selon des critères explicités, de sérier les objets d'un ensemble par rapport à une relation clairement définie, il comprend l'indépendance du nombre des éléments d'un ensemble par rapport à la disposition spatiale de ces éléments, dans une application bijective[99]. Il comprend que l'égalité du nombre d'éléments de chaque ensemble est indépendant de leur arrangement spatial, etc. Il commence également à comprendre que les actions exercées sur les objets (par exemple déformation, déplacements, etc.) n'en modifient pas toutes les propriétés, mais que certaines demeurent invariantes, etc.

> « ... les actions intériorisées ou conceptualisées[100] dont le sujet devait jusqu'ici se contenter acquièrent le rang d'opérations réversibles modifiant certaines variables et conservant les autres à titre d'invariants[101]. Cette nouveauté fondamentale est due une fois de plus au progrès des coordinations, le propre des opérations étant avant tout de se constituer en systèmes d'ensemble ou « structures », susceptibles de fermeture et assurant de ce fait la nécessité des compositions qu'elles comportent, grâce au jeu des transformations directes et inverses[102]. »

Décalages horizontaux

Pourtant toutes ces articulations opératoires du réel n'apparaissent pas simultanément et l'on constate, en particulier, que des structures opératoires identiques — lorsqu'elles s'appliquent à des situations (ou des « contenus ») différentes — sont soumises à des décalages assez importants. C'est-à-dire que l'époque où l'enfant parvient à maîtriser une situation particulière ne dépend pas seulement de son développement opératoire, mais aussi des particularités de la situation ou de l'objet auxquelles le sujet est confronté. Prenons un exemple : dans la situation expérimentale avec les deux boulettes de pâte à modeler égales, dont on déforme l'une, on peut demander à l'enfant « s'il y a toujours autant de pâte à modeler » ou encore, par exemple, « si les deux objets pèsent toujours autant », etc. En principe, on pourrait s'attendre à ce que l'enfant qui a compris le principe de l'invariance de certaines propriétés de l'objet en dépit des transformations qui y sont imposées, admette aussi bien l'invariance de la quantité de substance que l'invariance du poids. Dans la pratique, on constate cependant que la notion d'invariance de la substance ou de la matière est acquise vers 7-8 ans, tandis que la notion de la conservation du poids n'est acquise par la majorité des enfants que vers 9-10 ans[103] et pour la notion de conservation du volume (toujours dans la même situation expérimentale), il faut même attendre l'âge de 11-12 ans! A noter, toutefois, que l'ordre d'apparition de ces notions d'invariance (substance ou matière - poids -volume) est toujours la même. Piaget écrit à propos de ces «décalages horizontaux»[104]

> «que cet ordre de succession présente une signification, à la fois logique et psychologique, qui est digne de remarque. Logiquement en effet, le poids est attaché à une matière, et, pour concevoir la conservation du poids, il est nécessaire de posséder au préalable la notion de conservation de la matière. D'autre part, la conservation d'un volume physique suppose la non-dilatation ou la non-compression de la matière de l'objet dont on modifie la forme, ce qui implique une certaine résistance ou une certaine concentration stable qui, au niveau des notions élémentaires de l'enfant, sont liées à la notion de poids (*note :* il y a notamment chez l'enfant, indifférenciation initiale entre le poids et le volume pour expliquer l'action d'un corps immergé dans un verre d'eau qui déplace le niveau de cette eau). L'ordre de succession matière, poids, volume, semble donc dicté par des raisons logiques. Mais, psychologiquement, cette soumission à la logique présente dans le cas particulier un caractère remarquable et même surprenant, car le poids et le volume sont des notions directement suggérées par la perception, tandis que la conservation d'une matière... ne peut faire appel à aucune donnée perceptive... Le fait que la conservation de la substance conditionne celles du poids et du volume au lieu d'en dériver exprime donc clairement le primat de l'opération par rapport à la perception dans la constitution des notions de conservation[105].»

Dans d'autres domaines, on observe des décalages horizontaux analogues. Citons par exemple les expériences sur le réglage du «tous» et du «quelques» où l'on observe un décalage de quelques années entre la réussite à une épreuve où il s'agit de comparer le nombre de tulipes au nombre total de fleurs dans un bouquet et une autre épreuve, où il s'agit de comparer le nombre d'hirondelles au nombre d'oiseaux dessinés sur des petites cartes (étant entendu qu'il y a des oiseaux qui ne sont pas des hirondelles). Piaget interprète ce phénomène en disant

> «que des collections de fleurs sont plus intuitives du point de vue de l'espace et surtout de l'action que des collections d'hirondelles ou d'oiseaux, parce qu'on rassemble les premières en bouquet et pas les seconds[106, 107].»

Le stade opératoire concret - deuxième niveau

Au deuxième niveau de la période des opérations concrètes, où le sujet atteint «l'équilibre général des opérations "concrètes", en plus des formes partielles déjà équilibrées dès le premier niveau»[108], on observe, en plus, la mise en place définitive des opérations «infralogiques». Piaget dénomme ainsi les opérations portant sur (et constitutives des notions relatives à) l'espace, le temps, la vitesse, etc. (en bref, il s'agit des opérations en relation avec la physique du réel et non avec les ensembles d'objets de celui-ci). Le terme «infra» que Piaget utilise pour désigner ces types d'opérations ne signifie nullement que ces opérations précèdent les opérations logiques proprement dites[109], ou qu'elles leur soient subordonnées d'une quelconque façon. Ce terme signifie simplement «qu'elles sont formatrices de la notion de l'objet comme tel»[110] et des différentes procédures servant à le connaître (analyse des voisinages, comparaison des parties entre elles et au tout, mesure, etc.) et non des ensembles d'objets et de leurs relations (opérations logico-mathèmatiques).

C'est donc au deuxième niveau des opérations concrètes que s'achève les opérations relatives à l'espace (mesure, coordination des perspectives possibles, notions d'horizontalité, de verticalité, etc.) la vitesse, le temps et le mouvement (sériation d'événements temporels, emboîtement des intervalles entre événements, métrique temporelle), etc. Par ailleurs, on constate le développement des notions de conservation du poids ou volume (dans le déplacement du niveau d'eau lors de l'immersion d'objets) et un premier achèvement des opérations concernant le hasard et les phénomènes aléatoires.

*
* *

Le stade des opérations formelles

Le dernier (troisième) stade, caractérisé par l'apparition des opérations formelles (opérations portant sur des propositions, opérations «pures» sans contenu se référant à des objets physiques) et par la structure d'ensemble du groupe INRC qui établit la synthèse entre les différents groupements et qui relie, en particulier, les deux formes de réversibilité (négation d'une opération dans le cas des classifications, réciprocité dans le cas des sériations) débute vers 11-12 ans.

La pensée de l'adolescent est essentiellement caractérisée par le fait que le succès immédiat ou unique d'une action (que recherchent les plus jeunes enfants dont l'attitude semble surtout «pragmatique») passe au second plan. L'adolescent ne semble pas tellement préoccupé de réussir ici ou là, il semble, bien plus, préoccupé de gagner l'intelligence générale (au sens de la compréhension) de l'ensemble des propriétés qui caractérisent un phénomène, de l'ensemble des façons dont on peut classifier un ensemble d'objets, de tous les facteurs qui participent à un phénomène physique, etc. Il devient capable d'opérer sur des propositions et des hypothèses, plutôt que sur des objets et des ensembles d'objets, et, en conséquence il est capable de raisonnements déductifs (du type « si telle supposition est correcte, alors le réel devrait réagir de cette façon à telle manipulation »)[111] qui s'ajoutent aux inductions et aux inférences du raisonnement au niveau des opérations concrètes. Les expériences de Bärbel Inhelder[112] mettent clairement en évidence le changement de comportement qui se manifeste chez l'adolescent et qui se caractérise d'une part par l'extraordinaire rigueur du raisonnement à partir de prémisses (hypothétiques ou conventionnellement acceptées comme vraies) et par les conduites scientifiques qui dépassent le résultat concret par l'analyse des facteurs en jeu (isolement des facteurs pertinents, mise en relation de ceux-ci, etc.) et qui conduisent à la formulation de lois et à des tentatives d'explication. Comme exemple on pourra penser à l'analyse des facteurs potentiels et effectifs qui déterminent la fréquence d'oscillation d'un pendule (poids de la masse accrochée au fil, hauteur (angle) de départ, etc.)[113], etc.

3. Le développement des fonctions cognitives

Les deux chapitres précédents nous ont permis de discuter un certain nombre de concepts centraux et d'envisager le développement mental de l'enfant dans la perspective d'une théorie des stades. Plutôt que de décrire maintenant en détail ces stades successifs sous l'angle des connaissances construites par l'enfant et des opérations qui deviennent possibles au cours du développement[114], nous tenterons de présenter, en quelques paragraphes, le développement de certains systèmes de connaissance ou d'activités (directes ou intériorisées) à partir de montages héréditaires dont dispose l'enfant à sa naissance. Il est évident qu'une telle façon de faire nécessite un certain découpage plus ou moins arbitraire, et nous avons procédé — en dépit de l'unicité évidente du développement intellectuel de l'enfant — en partant des grandes catégories de la pensée proposées par l'articulation des ouvrages de Piaget[115].

Les catégories ainsi obtenues se présentent comme suit :

a) établissement des invariants (constances perceptives, permanence des objets, identité des objets, conservation des quantités physiques, invariance des compositions propositionnelles), (p. 53-64) ;

b) établissement des représentations (externes et internes), (imitation, perception, images mentales, schémas mnémoniques, langage, dessin, etc.), (p. 64-77) ;

c) établissement des actions et opérations sur des ensembles d'objets (catégorisations, classifications, relations, dénombrements, relations fonctionnelles, analyse de variables dans des systèmes complexes, etc.), (p. 77-85);

d) établissement d'actions et d'opérations portant sur et procédant de l'objet lui-même (opérations infralogiques), (espace, temps, mouvement, vitesse, causalité, etc.), (p. 85-95).

Cette façon de procéder conduira sans doute à une accentuation peut-être un peu abusive de la continuité fonctionnelle du développement et le lecteur fera bien de se rappeler de temps en temps la discontinuité des stades du développement et surtout la reconstruction des connaissances acquises qui se produit au cours de chaque nouveau stade du développement.

*
* *

L'établissement d'invariants cognitifs

Pour qu'une connaissance puisse se construire, il est sans doute nécessaire que l'objet ou la situation sur lesquels cette connaissance devra porter se laissent saisir et présentent une sorte de caractère de conformité allant dans la direction d'une certaine constance ou invariance. Nous pouvons bien admettre un certain spectre de variétés, mais plus les variations possibles sont étendues, plus il sera difficile de se construire une connaissance de l'objet qui dépasse la simple connaissance de l'individu et qui aboutisse à la formation de concepts, de propositions générales, d'une connaissance approfondie.

Prenons un exemple : si nous disons « je pense à un objet qui est carré » le lecteur n'aura aucune difficulté à identifier l'objet auquel nous faisons allusion. S'il n'arrive pas à se représenter l'objet précis, il n'aura du moins pas de peine à se faire une idée sur quelques propriétés de cet objet. Mais si « un objet qui est carré » peut être tour à tour et même simultanément « carré - pomme - bicyclette - amour - etc. », le lecteur risque d'éprouver quelques difficultés en tentant d'articuler son univers grâce à sa connaissance. L'anarchie cognitive qui résulterait du fait que les objets changent continuellement leurs noms, leurs propriétés, leurs fonctions, etc., est difficilement concevable !

Or, cela semble être un peu la situation dans laquelle se trouve le nouveau-né et le jeune enfant. Les objets apparaissent dans un espace[116] puis se résorbent à nouveau, des situations se créent et cessent, sans qu'il soit possible de les reconnaître et *a fortiori* de les prévoir. Un « même » objet s'agrandit, change de forme ou de couleur et même de fonction ou de signification. Ainsi, un nourrisson ne sait pas reconnaître son biberon lorsqu'il est présenté dans une position inhabituelle et il n'est pas capable de le rechercher lorsqu'il disparaît; tout au plus manifestera-t-il du déplaisir.

Au cours du développement sensori-moteur, l'enfant construit deux premiers invariants, la constance perceptive et la permanence des objets, qui seront enrichis et élargis par la suite.

*
* *

1. Le développement des constances perceptives

Les constances perceptives sont des mécanismes très généraux qui interviennent dans la perception. Elles consistent à modifier ce qui est perçu par des éléments de la connaissance ou par des opérations de l'intelligence, afin de conserver les caractéristiques propres de l'objet indépendamment du concours et de l'influence de facteurs locaux ou temporels. Prenons quelques exemples. Lorsque nous plaçons une planche à découper ronde verticalement dans le plan fronto-parallèle, elle nous paraît ronde et nous la percevons effectivement comme telle. Si maintenant nous la faisons tourner autour de son axe vertical, elle changera immédiatement de forme, elle deviendra une ellipse de plus en plus plate, pour être, finalement un rectangle, dont la hauteur correspond au diamètre de la planche et la largeur à l'épaisseur de celle-ci. C'est bien ce que voit notre œil. Mais par ailleurs, nous savons que la planche continue à être un disque rond qui a une certaine épaisseur. La combinaison de ce qu'il voit et ce qu'il sait conduit le sujet adulte à tenter de conserver le caractère pertinent de la planche, sa rondeur, et de ce fait il tendra à surestimer le diamètre horizontal de l'ellipse perçue : il perçoit l'objet comme étant plus «rond» qu'il ne l'est en réalité (constance de la forme)[117]. Un phénomène semblable se produit lorsque nous éloignons un objet de l'œil au lieu de changer de position. Ce qui se produit alors, c'est un rapetissement progressif de l'image de l'objet sur la rétine, jusqu'à ce qu'il ne soit plus discernable de ce qui l'entoure. Ainsi un crayon situé à 50 cm de l'œil donne lieu à une image rétinienne deux fois plus grande que l'image d'un crayon semblable qui se trouve à une distance de 100 cm. Mais inversement le sujet sait que le crayon n'a pas rapetissé, il semble simplement plus petit et il suffirait de le rapprocher pour le ramener à sa dimension initiale. A nouveau la composition de ce qui est vu et de ce qui est su, conduit le sujet à corriger sa vision en compensant le rapetissement visuel par sa connaissance de l'invariance de l'objet (constance des grandeurs), etc.

Les recherches de Piaget[118] et surtout de son collaborateur Lambercier[119] n'ont cependant pas porté sur des sujets très jeunes (il s'agit essentiellement de sujets à partir de 5-6 ans). Elles permettent toutefois de comprendre que les constances perceptives commencent à se développer très tôt, pour passer par un maximum d'objectivité vers 9-10 ans et pour passer au niveau de « sur »-constances à l'âge adulte. Si nous reprenons l'exemple des deux crayons, la situation se présente comme suit : on donne au sujet un crayon de longueur fixe à une distance de 50 cm et nous lui demandons d'ajuster la longueur variable d'un crayon par ailleurs semblable qui se trouve à une distance de 100 cm. Le sujet peut donc faire changer la longueur du crayon éloigné jusqu'à ce que celle-ci semble correspondre à la longueur du crayon rapproché. On constate alors que les jeunes sujets (de 5 à 8 ans, environ) ajustent le crayon de façon à ce qu'il soit (objectivement) plus court que le crayon-étalon rapproché, leur connaissance ne leur permet pas encore de compenser entièrement les effets de la distance. Les sujets de 9-10 ans commettent des erreurs minimales, il semble y avoir une sorte d'équilibre entre ce qui est perçu et ce qu'ils savent. Et les sujets adultes ajustent le crayon éloigné de façon à ce qu'il soit (objectivement) plus long que le crayon-étalon. Leur connaissance les conduit à surcompenser les effets de rapetissement apparent dû à la distance de l'objet[120].

Selon Piaget, la constance des grandeurs semblerait résulter

« d'une sorte de coordination compensatrice entre la grandeur apparente Ga, la distance Di et la grandeur réelle GR, sous la forme $Ga \times Di = Gr$ telle que si Ga diminue c'est que Di augmente ou l'inverse (de même que la constance de la forme comporte une compensation entre la forme apparente et le déplacement angulaire, et la constance des couleurs entre la couleur apparente et l'éclairement, etc.). Mais on n'aperçoit que très mal le fonctionnement réel de telles régulations compensatrices...[121] »

On peut faire l'hypothèse

« d'une liaison nécessaire, pour comprendre les débuts de la constance des grandeurs, entre les domaines visuel et tactilo-kinesthésique. Or, ce dernier domaine est subordonné aux lois de l'action entière, ce qui laisse supposer qu'il existe des interactions complexes entre la formation des constances perceptives et la constitution du schème de l'objet permanent[122]. »

*
* *

2. La constitution du schème et l'objet permanent

Le développement des constances perceptives nous montre que le sujet tend à maintenir invariantes certaines propriétés perceptives en dépit des conditions locales de perception. Or, si nous avons parlé des propriétés perceptives des objets et de leur conservation, nous n'avons pas encore soulevé le problème de l'objet lui-même et de sa conservation. L'adulte sait, en règle générale, que les objets ont une certaine permanence, c'est-à-dire qu'ils se conservent (presque toujours) même lorsqu'ils ne sont plus immédiatement atteignables dans son champs sensoriel.

Contrairement au développement des constances perceptives, où l'on observe essentiellement une construction progressive de cette fonction et où l'on ne peut guère mettre en évidence des stades de développement précis[123], la constitution du schème de l'objet permanent est caractérisée par un ensemble de sous-stades (parallèles et solidaires des sous-stades du développement sensori-moteur) qui se succèdent de la naissance à l'âge de deux ans, environ[124].

Au niveau des deux premiers sous-stades du développement sensori-moteur (sous-stade 1 : exercice réflexe; sous-stade 2 : acquisition des premières adaptations et des premières habitudes, réactions circulaires primaires) on n'observe apparemment encore aucune conduite indiquant que les objets qui se présentent à l'enfant jouissent d'une certaine permanence. L'enfant ne réagit guère à la disparition d'un objet de son champ sensoriel. Pourtant l'enfant dispose déjà de certaines formes d'invariants fonctionnels qui se manifestent, d'une part, par l'application des mêmes schèmes sensori-moteurs à des situations semblables — ce qui n'empêche évidemment pas leur enrichissement par des assimilations et des accommodations — et, d'autre part, par le début de la récognition des situations auxquelles un schème peut s'appliquer :

> «Dès la seconde semaine de son existence, le nourrisson est capable de retrouver le mamelon et de le différencier des téguments environnants : il y bien là la preuve que le schème de sucer pour téter commence à se différencier de ceux de sucer à vide ou de sucer un corps quelconque, et qu'il donne ainsi lieu à une récognition en actes. De même, dès cinq à six semaines, le sourire de l'enfant montre assez qu'il reconnaît les voix ou les figures familières, alors que les sons ou les images inaccoutumés le laissent dans l'étonnement. D'une manière générale tout exercice fonctionnel (donc toute réaction circulaire primaire) de la succion, de la vision, de l'ouïe, du toucher, etc., donne lieu à des récognitions[125].»

Dès le troisième sous-stade sensori-moteur (réactions circulaires secondaires[126], procédés pour faire durer les spectacles intéressants, coordination de la vision et de la préhension) on remarque chez l'enfant un début de permanence qui se manifeste sur deux plans au moins. D'une part, il devient capable de suivre des yeux un objet qui se déplace horizontalement ou qui tombe verticalement et il explore les lieux d'arrivée des objets ; par ailleurs, il peut exploiter la présence d'un indice perceptif (disparition partielle d'un objet perçu visuellement) pour chercher un objet qui a « disparu »[127]. De même l'enfant commence à rechercher des objets qui ont échappé à la préhension (mais sans qu'il y ait encore coordination entre les espaces visuels et tactiles : l'enfant cherche donc avec ses mains, et non avec ses yeux) et il devient capable d'éliminer des obstacles qui lui cachent la vue (signe évident d'un début de coordinations entre les espaces).

Pendant le quatrième sous-stade sensori-moteur (coordination de schèmes secondaires portant sur le milieu et non seulement sur le corps propre et leur application à des situations nouvelles avec plusieurs moyens possibles pour un seul but et plusieurs buts possibles pour un seul moyen), l'enfant commence à chercher activement des objets ayant disparu de son champ sensoriel (déplacer des écrans, soulever ou contourner des obstacles, etc.). Mais lorsqu'un objet caché d'abord est porté ailleurs par un déplacement visible pour l'enfant, ce dernier n'est pas encore capable de suivre ces déplacements successifs et il ira chercher à l'endroit où l'objet a disparu la première foi (ou — à un stade un peu plus avancé — la deuxième). L'enfant ne construit donc que peu à peu la conduite consistant à rechercher l'objet à l'endroit où il a disparu en dernier lieu.

Ce progrès a essentiellement lieu durant le cinquième sous-stade sensori-moteur (réactions circulaires tertiaires, découverte de moyens nouveaux par « expérimentation » active, utilisation d'instruments, tels que ficelles, bâtons, etc., pour atteindre un but). Durant ce même stade, l'enfant devient également capable de tenir compte des déplacements invisibles des objets (lorsque l'expérimentateur les transporte, par exemple, dans sa main fermée), et commence à tenir compte de l'ensemble des lieux où l'objet pourrait se trouver — à condition que le nombre de lieux susceptibles ne soit pas trop grand, ni les déplacements successifs trop complexes.

Au niveau du sixième sous-stade sensori-moteur (invention de moyens nouveaux par combinaison mentale, c'est-à-dire sans tâtonnement, solution de quelques problèmes avec arrêt de l'action et compréhension brusque, « insight », etc.) enfin, l'enfant devient capable de se représenter les déplacements qu'il ne voit pas et surtout il se représente un déplacement apparent de l'objet dû à la superposition des obstacles ou des écrans, etc.

En résumé, nous voyons que l'objet se construit peu à peu en se détachant de l'action et de la perception immédiates pour devenir un élément d'un univers articulé sur le plan des déplacements spatiaux et temporels et cohérent par rapport aux effets des actions qu'on peut lui imprimer, mais indépendant du sujet lui-même.

*
* *

3. Remarque sur la formation des concepts[128]

Nous avons vu précédemment[129] que les schèmes conceptuels n'apparaissent pas d'un seul coup avec la fin du développement sensori-moteur, mais qu'une construction progressive (dont on peut observer le développement dès l'apparition du langage) a lieu à partir des deux derniers sous-stades sensori-moteurs et (au moins) le début des opérations concrètes. Durant cette période l'enfant découvre et apprend peu à peu que les choses ont un nom, ou des noms (un «chat» est en même temps un «animal», une «bête», un «minet», etc.) mais ces noms n'appartiennent pas aux choses elles-mêmes, et que, finalement, différents objets peuvent avoir le même nom (ainsi le nom «chat» peut être appliqué à différents individus, à condition qu'ils satisfassent aux restrictions définissantes)[130].

Ainsi l'enfant commence à se rendre compte que le nom d'un individu appartenant à une certaine classe peut facilement être utilisé pour désigner la classe (une fille de Piaget dit «les Jacquelines» pour désigner les grandes filles — il s'agit du nom de sa grande sœur — et elle se sert de son propre nom pour désigner les petites filles : «les Luciennes»)[131], que l'appartenance à une classe d'un système hiérarchique implique nécessairement l'appartenance aux classes supérieures (c'est pas une abeille, c'est un bourdon. Est-ce que c'est une bête?»)[132] et que l'article défini ne désigne pas un représentant quelconque d'une classe, mais un représentant singulier et déterminé (au cours d'une promenade l'un des sujets de Piaget dit «la voilà» en voyant une limace, et plus tard en voyant une autre limace «encore la limace», sans être capable et même sans vouloir se demander, s'il s'agit de la même ou pas)[132], etc.

La formation des concepts et surtout l'articulation de ceux-ci en systèmes hiérarchisés, complètement ou partiellement disjoints, conjonctifs, etc., semblent nécessiter une certaine invariance (du moins partielle, étant donné la flexibilité de la langue) des concepts au niveau des représentations de l'enfant, mais sans que lui-même ne soit encore en mesure de construire de façon autonome des systèmes classificatoires ou relationnels (ces conduites n'apparaissent, en effet, qu'avec les opérations concrètes)[133].

Mais pour l'instant (c'est-à-dire au niveau de la période préopératoire)

> « les individus particuliers sur lesquels porte la pensée ont moins d'individualité, c'est-à-dire demeurent moins identiques à eux-mêmes »

et

> « les classes sont moins génériques qu'elles le seront par la suite, et une classe est une sorte d'individu type répété à plusieurs exemplaires. »

Les

> « deux caractères d'absence d'identité individuelle et d'absence de classe générale n'en font en réalité qu'un seul : c'est faute de classe à généralité stable que les éléments individuels, n'étant pas réunis en un tout réel qui les encadre, participent directement les uns aux autres sans individualité permanente, et c'est faute de cette individualité des parties que l'ensemble ne saurait être construit en tant que classe emboîtante[134]. »

*
* *

4. L'identité des objets avec eux-mêmes[135]

Les considérations du paragraphe précédent nous ont montré à quel point l'individualité ou l'identité de l'objet est encore fragile pour l'enfant du niveau préopératoire et cela en dépit du fait que la permanence de l'objet est établie depuis longtemps déjà. On peut, de ce fait, se demander si l'identité d'un objet qui se transforme (par déformation ou par croissance organique, par exemple) ou que l'on modifie d'une façon quelconque (en changeant, par exemple, sa couleur ou sa grandeur, etc.) apparaît de façon immédiate à l'enfant ou si au contraire, cette notion d'identité est également soumise à un processus de construction progressive.

Un exemple simple consiste à présenter à l'enfant un carré posé sur l'un de ses côtés, puis de lui faire subir une rotation de 45° de façon à ce qu'il repose sur sa pointe. On demande alors à l'enfant si l'objet est encore la même chose. Tous les jeunes sujets (jusqu'à l'âge de 6-7 ans au moins) ou presque, prétendent que le carré posé sur la pointe n'est plus un carré et qu'il n'est même plus le même objet individuel. L'objet est de deux sortes qui ne se réduisent pas à l'identité qualitative[136].

Au second niveau le carré « devient » losange, mais en demeurant le même objet, il appartient donc successivement à deux classes différentes et ce n'est qu'à l'âge de 8-9 ans environ que les sujets parviennent à coordonner les différents aspects du problème.

La difficulté à résoudre ce problème consiste à bien voir l'individualité ou l'identité d'un objet en tant que tel et son appartenance (effective ou virtuelle) à différentes classes d'équivalence, en fonction des changements qui se produisent.

Des problèmes semblables se présentent lorsque l'on confronte l'enfant avec des situations de croissance (croissance du corps propre, représenté par des dessins à des âges successifs; croissance d'une «algue» artificielle devant les yeux de l'enfant, également protocolée par le dessin d'états successifs), d'absorption d'un objet par un autre (gouttes d'eau qui se réunissent en une seule) et de transmission d'une énergie physique (choc qui se transmet d'une bille d'acier à l'autre, etc.). D'une manière générale, la majorité des problèmes (croissance, déformation d'un corps, déplacements, etc.) donnent lieu à des réactions faisant appel à l'identité de l'objet avant ou avec le début des opérations concrètes, tandis que les problèmes plus complexes et plus abstraits (absorption, transmission d'une énergie et identité de celle-ci) n'aboutissent à des explications cohérentes qu'au niveau de la seconde période des opérations concrètes[137].

*
* *

5. L'invariance ou la conservation des grandeurs physiques[138]

Nous avons vu que lorsqu'on déforme un objet, l'enfant devient capable de dissocier la déformation en tant que telle de la conservation de l'objet lui-même : l'objet change (à la limite on lui donne même un autre nom : pour les anglophones le carré posé sur sa pointe devient un «diamond»), tout en restant identique.

Qu'en est-il d'autre propriétés qui caractérisent l'objet? Ce sont sans doute les expériences piagétiennes les mieux connues et les plus répandues qui tentent de répondre à cette question. Nous en avons déjà évoqué le principe de départ[139] : l'expérimentateur dispose de deux boules de pâte à modeler dont le sujet admet l'égalité. Puis il en déforme l'une (en saucisse, galette ou en la déchiquetant en petits morceaux) et il demande au sujet, s'il y a toujours autant de pâte à modeler (ou si les deux objets ont encore le même poids ou le même volume). Les plus jeunes nient simplement la conservation de ces propriétés physiques tandis que les plus grands acquièrent successivement la conservation de la substance, puis du poids et finalement du volume[140].

Des expériences semblables ont été conduites avec des quantités de liquide égales transvasées dans des récipients de formes variables et avec des quantités de perles que l'on transvase également[141], ainsi qu'avec des situations plus ambiguës et paradoxales (dissolution du sucre dans de l'eau, dilatation du mercure ou de graines de maïs «pop-corn» sous l'effet de la chaleur, etc.), ou encore avec des matériels qui nécessitent la composition de plusieurs éléments pour obtenir l'effet voulu (égalité ou inégalité des objets composés)[142].

Les enseignements apportés par l'ensemble de ces recherches se situent à trois niveaux au moins. En premier lieu, nous constatons un enrichissement et un approfondissement du schème d'invariance qui s'applique maintenant aux propriétés particulières des objets, dépassant ainsi les constances perceptives, la permanence de l'objet, la stabilisation des concepts et l'identité des objets. Avec le stade des opérations concrètes, l'intériorisation de l'action par la représentation et la réversibilité de la pensée qui est en progrès s'articulent en système d'ensemble (caractérisé par des «groupements») et l'enfant devient capable, de ce fait, de compenser au maximum les modifications de l'objet par des déplacements, déformations, etc. Nous constatons, toutefois, que là encore, la construction des notions de conservation des quantités physiques s'étend sur plusieurs années (décalages)[143] les notions plus immédiatement accessibles à l'action et à l'opération étant acquises avant les notions nécessitant une coordination plus ou moins complexe des données.

En deuxième lieu, nous remarquons que les notions de conservation conduisent à des théories originales sur la structure de la matière : les enfants et pré-adolescents commencent à construire des théories sur l'atomisme et l'origine de la densité de la matière. Car, en effet, la notion de conservation doit être «sous-tendue» par une théorie explicative appropriée, lorsqu'on veut la maintenir en face de sucres qui se dissolvent, de graines de maïs qui se gonflent ? etc. Vers 10-12 ans, les enfants invoquent bien le fait que le sucre se dissout en petites particules invisibles, ou que des éléments du maïs, étroitement serrés au début, se dilatent sous l'effet de la chaleur (ou s'espacent), sans que l'objet en tant que tel ne soit détruit pour autant. L'invariant

> «constitue un mode de composition opératoire tel que les éléments de volume global et total constants peuvent se rapprocher ou se séparer. Une telle composition permet alors, dans le cas des solides comme la boulette d'argile, de concevoir la permanence de la concentration et par conséquent l'invariance du volume aussi bien «global» que «total». Dans le cas de la dissolution, d'autre part, elle permet de concevoir le volume des particules comme invariant, le «volume total» comme toujours égal à la somme de ces volumes partiels, et le «volume global» comme distinct du volume corpusculaire

«total» et comme variant en fonction du rapprochement ou de la dissociation des parties[144.]

Finalement, ces expériences nous renseignent, du moins partiellement, sur le développement des tentatives de quantification spontanées chez l'enfant[145]. Piaget distingue (à la suite de Kant)[146] les quantités intensives et les quantités extensives. Dans sa terminologie, la quantification intensive porte seule sur le rapport entre la partie et le tout : on voit facilement que le nombre d'éléments contenus dans une classe (finie) est nécessairement plus grand que le nombre d'éléments inclus dans une quelconque vraie (c'est-à-dire non identique à la classe elle-même) sous-classe de celle-ci. Il n'est même pas nécessaire de dénombrer les éléments d'une façon quelconque! De même, il paraît évident que lorsque a est plus grand que b et b également plus grand que c, il en découle, non seulement que a est également plus grand que c (par transitivité), mais que la différence entre a et c doit être plus grande que celle entre a et b. Par contre, il y a quantification extensive lorsqu'on compare les différences entre elles (dans le cas des grandeurs), ou lorsqu'on compare sur le plan des éléments la sous-classe à son complément par rapport à la classe considérée. Un cas particulier de la quantification extensive est la quantification métrique, où les différences de grandeur sont soit égales, soit exprimables en termes de multiples par rapport à une unité, de même que sous-classe et complément entretiennent une relation d'égalité ou de multiple par rapport à une unité déterminée[147].

Pour ce qui est des conservations, Piaget fait remarquer que les arguments utilisés par l'enfant reposent toujours sur l'une de ces formes de quantification. Les arguments d'identité (on n'a rien ajouté ni enlevé) et de compensation (la saucisse a l'air plus longue que la boule, mais elle est aussi plus mince) conduisent à une simple quantification intensive (les deux objets étant comparés entre eux ou à eux-mêmes[148]), etc.

*
* *

6. L'invariance de quelques autres propriétés de l'objet : longueur, surface et volume géométrique

L'objet de ce paragraphe ne sera pas d'exposer la construction de la géométrie spontanée de l'enfant, nous reviendrons à ce sujet un peu plus tard[149]. Il s'agit ici de rappeler simplement qu'en plus des invariants concernant les grandeurs physiques que construit l'enfant au cours du stade des opérations concrètes, d'autres invariants apparaissent.

Il s'agit en particulier de notions concernant les longueurs des objets et les distances entre eux (invariance de la longueur lorsqu'on déplace un objet, indépendance de la distance entre deux points des obstacles intermédiaires éventuels, invariance de la longueur d'un fil de fer que l'on déforme, etc.), des surfaces (conservation de l'égalité de deux surfaces auxquelles on soustrait des parties égales (mais disposées différemment), conservation de la surface que l'on découpe en éléments pour les assembler différemment, etc.) et des volumes (reconstruction d'un volume facilement mesurable sur une autre base).

L'ensemble de ces notions s'élabore à nouveau durant la période des opérations concrètes, mais, une fois de plus, avec des décalages caractéristiques : les notions de longueur et de distance se construisent d'abord vers 6-8 ans, tandis que les notions de surface (7-8 ans) et de volume géométrique (10-12 ans) ne se construisent que beaucoup plus tard[150]. Bien que des conduites de mesure soient assez rapidement possibles sur les surfaces simples (dans la mesure, où le sujet peut les effectuer par un système de droites parallèles ou perpendiculaires), elles le sont

«mais sans atteindre cependant encore le continu à deux ou trois dimensions[151]...»

*
* *

7. L'invariance des compositions propositionnelles

«Au total, la fonction de la conservation est donc, toujours et partout, de la pensée spontanée de l'enfant jusqu'aux principes scientifiques les plus épurés, de permettre la construction opératoire des transformations elles-mêmes : la conservation ne constitue que l'invariant de la composition, et l'identité[152] comme telle n'est que l'une des opérations du groupe des transformations dont la signification essentielle est la capacité d'engendrer de nouvelles transformations par le produit des opérations de départ. L'identité à elle seule n'est qu'une abstraction, et le rationnel se reconnaît à la totalité du système opératoire dont elle fait toujours partie et non pas uniquement à l'un de ses éléments[153].»

Au niveau des opérations concrètes, l'invariance présente pour l'enfant un caractère de nécessité logique participant de l'objet et de ses particularités. Au niveau des opérations formelles, par contre, le principe d'invariance s'applique tout autant aux propositions et à leurs modes de compositions. Les raisonnements du type «si..., alors...» dont l'adolescent devient capable sous-entendent une réflexion du type «si (toute chose étant égale par ailleurs)..., alors...» sur lequel repose tout le système du raisonnement formel.

On trouve des exemples de cette façon de procéder dans les expériences portant sur la combinatoire (combiner certains de cinq liquides différents pour obtenir un effet particulier)[154]. L'analyse des variables particulières déterminant un phénomène physique (trouver de quoi dépend la fréquence d'oscillation d'un pendule, trouver les lois qui régissent la flexibilité de tiges de différents matériaux, sections, longueurs, etc.). Dans chaque cas, l'adolescent qui ébauche des hypothèses et qui essaie de les vérifier par son action sur le réel, développe une stratégie devant permettre d'une part de mettre en évidence les facteurs pertinents ou les combinaisons qui apportent un certain succès (par rapport à un but donné), ce qui implique pour lui, de toute évidence, la possibilité de contrôler d'autres aspects de la situation (de les maintenir invariants) pour effectivement rendre compte de l'ensemble des combinaisons possibles qui donnent lieu à l'événement visé excluant l'intervention de facteurs «magiques» ou «non contrôlables»[155].

L'établissement des représentations

Nous discuterons dans ce chapitre un ensemble de contributions piagétiennes à notre connaissance du développement cognitif de l'enfant dont la cohérence est plus évidente à l'intuition qu'à une compréhension rationnelle.

Dans ce contexte, l'analyse des souvenirs et des représentations intérieures «visuelles», du langage, etc., trouve sans doute facilement sa place. Mais nous aurions probablement un peu plus de peine à justifier la présence d'une discussion des mécanismes perceptifs (si ce n'est par leur relation avec les images mentales et par leur fonction de prise d'information sur le réel qui précède — du moins partiellement — l'élaboration d'une représentation interne), des moyens de communication de l'enfant (si ce n'est que ce sont justement eux qui permettent en dernière analyse d'étudier quelque chose qui se passe essentiellement dans la tête de l'enfant et qui ne devient comportement observable qu'à des conditions particulières) ou les différentes formes du jeu chez le jeune enfant (si ce n'est le fait que c'est une des rares activités spontanées de l'enfant qui permet de quasiment «lire» les représentations de l'enfant).

En bref, nous discuterons dans ce chapitre les problèmes concernant le développement de
1. l'imitation ;
2. la perception et ses mécanismes ;
3. l'image mentale et la mémoire ;
4. le langage et les moyens de communication ;
5. quelques formes du jeu enfantin.

Mais avant d'entrer dans ces sujets, il convient de jeter un regard sur ce que Piaget appelle les fonctions symboliques ou sémiotiques et sur leurs relations avec la représentation et la pensée de l'enfant[156].

Le terme « fonctions sémiotiques » désigne un ensemble de fonctions qui permettent toutes (mais comme on le verra, à des niveaux d'abstraction différents) de désigner un objet, une classe d'objets ou même la signification et le concept par autre chose. On dira que cet objet (classe, concept, etc.) est signifié (et il est « signifié ») par un signifiant. Piaget distingue trois groupes de signifiants : les *indices*, les *symboles* et les *signes*.

L'INDICE est une partie du signifié lui-même : la jambe de la poupée qui dépasse de l'écran derrière lequel elle est cachée est un indice de la poupée (ou de sa présence), elle devient donc un signifiant qui désigne le signifié, la poupée. De même un signal particulier — tel que les pas de la mère qui annoncent le repas — est un indice signifiant qui fait en quelque sorte partie, par succession temporelle, de l'objet signifié, le repas, etc. Dans la mesure où il déclenche les mêmes schèmes de comportements que l'objet lui-même (prendre la poupée entière, sucer à vide en attendant le repas lui-même), l'indice peut donc bien remplacer ou annoncer cet objet ou cette situation en le signifiant ou en le désignant[157].

Le SYMBOLE est défini par Piaget (selon un usage des linguistes utile à suivre en psychologie[158]) comme un signifiant « impliquant un lien de ressemblance entre le signifiant et le signifié »[159]. Comme disait de Saussure (sur lequel Piaget s'appuie d'ailleurs dans sa terminologie) :

> « Le symbole a pour caractère de n'être jamais tout à fait arbitraire ; il n'est pas vide, il y a un rudiment de lien naturel entre le signifiant et le signifié. Le symbole de la justice, la balance, ne pourrait être remplacé par n'importe quoi, un char, par exemple[160]. »

Dans l'activité de l'enfant, l'emploi de symboles se manifeste dès les premières productions iconiques (images, dessins) auxquelles l'enfant tente d'attribuer une signification, dans le jeu symbolique (jeu dans lequel l'enfant attribue des nouvelles significations aux objets en s'inspirant de ressemblances plus ou moins évidentes : un caillou devient bonbon, un bâton devient fusil, longue-vue, canne, flûte, etc.), et on constate, par ailleurs, la présence des premières images mentales (représentations « visuelles » intériorisées). D'une manière générale les symboles sont, comme les indices, des signifiants essentiellement personnels. L'enfant se crée ses symboles. On observe pourtant des symboles collectifs (la balance citée par de Saussure, par exemple) qui souvent toutefois ne se basent pas sur un simple lien de ressemblance entre le signifié et le signifiant, mais nécessitent une connaissance et une culture approfondie, et ne peuvent fonctionner que grâce à l'éducation[161].

Le SIGNE, finalement, apparaît comme un signifiant complètement détaché du signifié, arbitraire et conventionnel dans la mesure où il fait partie d'un système collectif (langage, écriture, notations mathématiques, etc.)

> «Le signe requiert donc la vie sociale pour se constituer, tandis que le symbole peut être élaboré déjà par l'individu seul (comme dans le jeu des petits enfants)[162].»

> «Mais le langage est collectif et ne suffit pas à tous les besoins individuels : s'il est adéquat pour la désignation des schèmes généraux, communs à tous les individus, il est insuffisant pour signifier le détail des expériences ou des actions poursuivies par chaque individu en particulier... Entre les indices perceptifs et le langage commun, il est donc normal qu'intervienne le symbolisme imagé en tant qu'ensemble des signifiants se rapportant aux schèmes différenciés et individualisés[163].»

Alors que les indices et les signaux apparaissent déjà à partir du deuxième ou troisième sous-stade du développement sensori-moteur (où ils s'adressent comme signifiants aux divers schèmes sensori-moteurs comme signifiés : voir ceci conduisant à faire cela) les fonctions sémiotiques au sens restreint (détachement progressif du signifiant et signifié) se développent à partir des derniers sous-stades sensori-moteurs et marquent le début de la représentation (début du langage, jeu symbolique, imitation différée, etc.).

Après ces premières distinctions concernant la fonction sémiotique, il convient d'en introduire une autre, entre les aspects figuratifs de la pensée et les fonctions sémiotiques. Nous venons déjà de voir, en effet, que tout ce qui est sémiotique n'est pas nécessairement figuratif (le langage par exemple) et que tout ce qui est figuratif n'est pas nécessairement sémiotique (la perception, par exemple, si elle ne conduit pas immédiatement à des activités d'identification, etc.)[164].

Le tableau 7 présente une tentative de classification de ces différents aspects. Dans le groupe I nous retrouvons les mécanismes qui participent à la fois des fonctions sémiotiques et des aspects figuratifs de la pensée, tandis qu'au groupe II nous retrouvons la perception qui est évidemment figurative, mais qui n'est pas, à elle seule du moins, sémiotique. La perception ne permet nullement de remplacer un objet par un autre qui désigne le premier, elle est directe et immédiate. Ceci n'exclut cependant évidemment pas qu'elle puisse devenir signifiante elle-même au moment où le sujet fait intervenir l'ensemble des mécanismes de son intelligence et de sa connaissance sur ce qui est perçu, afin de l'interpréter d'une façon quelconque. Le langage (groupe III) est bien sémiotique, mais nullement

Tableau 7[165]

		Supports de la représentation	
		Sémiotiques	Non sémiotiques
Aspects de la pensée	Figuratif	I. Jeu symbolique Image mentale Souvenir-image Gestes/imitation	II. Perception
	Non figuratif	III. Langage(s)	IV. (Opérations formelles)

figuratif, il est complètement abstrait et détaché de l'objet signifié. Au groupe IV, on trouvera entre parenthèses les opérations formelles qui, elles seules, sont vraiment complètement détachées d'un contenu concret, donc (en quelque sorte) du figuratif et du sémiotique, étant entendu qu'elles ne signifient nullement les actions ou les objets, mais qu'elles sont des actions d'un type particulier (puisqu'elles sont intériorisées, réversibles et composées en structure d'ensemble). Les parenthèses rappellent cependant que les opérations ne sont de fait ni des supports de la représentation (mais elles fonctionnent avec elle), ni les aspects de la pensée (puisqu'elles sont, en fait, la pensée elle-même).

*
* *

1. Le développement de l'imitation

L'imitation est une conduite consistant à contrefaire le comportement de quelqu'un ou d'un objet. Une tendance à l'imitation que l'on constate chez tous les enfants[166], ne semble pas innée, mais commence à se manifester assez tôt et se développe constamment durant les deux premières années de la vie.

Pour abréger, on peut résumer le développement de l'imitation pendant les sous-stades (ss) du développement sensori-moteur (sm) comme suit :

– *Premier ss sm* : imitation par contagion, sorte de préparation réflexe de l'imitation à proprement parler (écholalies, échopraxies).

– *Deuxième ss sm* : imitation sporadique, peu systématique de modèles sonores et de mouvements, à condition, en général, que le modèle reprenne des conduites que le bébé était en train d'effectuer lui-même.

– *Troisième ss sm* : imitation systématique des sons qui appartiennent déjà au répertoire du sujet et de mouvements connus que le sujet a exécutés lui-même.

En fait, il est bien clair que l'enfant, bien que présentant très tôt des conduites d'imitation apparente, n'imite pas un modèle. Dans les premiers mois de la vie, il ne distingue en effet, nullement entre ce qui est son Moi et ce qui est son environnement physique ou social[167]. Et, en conséquence, il est incapable de dissocier clairement son modèle de lui-même et les actions du modèle des siennes propres[168]. Ce n'est que pendant les troisième et quatrième ss sm que l'enfant commence à différencier son propre Moi de son environnement et qu'il passe de la simple contagion à une première forme d'interaction sociale.

– *Quatrième ss sm* : l'enfant commence maintenant à imiter des mouvements qui appartiennent à son répertoire, mais qu'il n'a jamais vus (mouvements de la bouche, tirer la langue, sucer le doigt, etc.). A noter, toutefois, que les imitations ne sont pas toujours très efficaces et qu'il arrive à ces jeunes sujets de mordre les lèvres au lieu de tirer la langue, ouvrir et fermer la bouche au lieu de faire le même mouvement avec les yeux, etc.[169] Mais en plus, l'enfant commence à imiter des sons et des mouvements nouveaux facilement contrôlables. Il devient même capable d'imiter l'utilisation d'outils et le maniement d'objets (taper avec un marteau sur les éléments d'un métallophone, frapper un jouet avec un autre, etc.).

– *Cinquième ss sm* : à ce stade l'enfant devient finalement capable de systématiquement imiter les modèles nouveaux qui se présentent à lui, même ceux qui ne sont pas contrôlables par la vision :

> «... au lieu de se borner, dans le cas des mouvements invisibles du corps propre, à essayer divers schèmes connus, comme au stade 4, l'enfant de ce niveau les différencie et tâtonne expérimentalement. C'est ce que faisait déjà celui du stade 4 pour ce qui est des mouvements visibles, mais le sujet procède maintenant avec une persévérance et une sûreté beaucoup plus grandes. L'imitation est ainsi devenue une sorte d'accommodation systématique tendant à modifier les schèmes en fonction de l'objet, par opposition aux accommodations inhérentes à l'acte d'intelligence, qui appliquent également ces schèmes à l'objet, mais en incorporant celui-ci à un système d'utilisations variées[170].»

Cette citation met en lumière l'un des aspects particuliers de l'imitation. Contrairement à l'intelligence qui recherche une sorte d'équilibre entre l'accommodation et l'assimilation, l'imitation est essentiellement tournée vers l'accommodation et n'intègre pas l'objet, ou la situation, par assimilation. Nous verrons ci-dessous[171] que le contrepoids de l'imitation est fourni par le jeu symbolique, où c'est au contraire l'assimilation qui prime sur les mécanismes d'accommodation.

– *Sixième ss sm* : dans la mesure où elle est directe, donc où elle ne nécessite pas l'intervention de la représentation, l'imitation peut être considérée comme achevée vers la fin du ss 5. Mais deux nouveautés viennent encore enrichir ces conduites : d'une part l'enfant qui devient capable de se représenter intérieurement ces actions avant de les effectuer directement, devient également capable d'imiter un modèle sans avoir besoin de tâtonner par des accommodations successives, mais il imite d'emblée « par une combinaison interne des mouvements »[172]. D'autre part, et cela est sans doute plus important par rapport aux conséquences ultérieures, (développement des représentations et surtout de l'image mentale) l'enfant devient capable de produire des conduites imitatrices lorsque le modèle a disparu. Piaget parle à cet égard d'imitation différée. Le plus bel exemple est sans doute celui où une petite fille d'un an et demi observe, pendant la visite d'un camarade du même âge à peu près, un accès de rage de celui-ci et l'imite correctement vingt-quatre heures plus tard[173]!

*
* *

2. Le développement de la perception et des mécanismes perceptifs

A première vue, les travaux de Piaget et de ses nombreux collaborateurs dans le domaine de la perception visuelle portent essentiellement sur les insuffisances des systèmes perceptifs : Piaget étudie les illusions optico-géométriques, les mouvements apparents, les constances perceptives, la perception de la causalité[174], etc.[175]. Nous verrons cependant que cette préoccupation s'insère tout normalement dans les recherches sur l'intelligence et l'épistémologie génétique, puisqu'une théorie de la connaissance ne doit pas seulement se poser la question de la construction du savoir, mais aussi des questions sur la prise d'information par le sujet et les interactions éventuelles entre savoir établi et information nouvellement acquise.

Selon Piaget, il semblerait que les déformations dans le champ perceptif soient essentiellement dues à deux grands ensembles de facteurs :

Les *illusions primaires* sont des illusions perceptives qui semblent diminuer avec l'âge. Une bonne partie des illusions «optico-géométriques» (par exemple l'illusion de Müller-Lyer : <————>————<) fait partie de ce groupe.

Les *illusions secondaires*, par contre, augmentent en intensité avec l'âge. Le meilleur exemple en est l'illusion de Charpentier (poids-volume), où le sujet ressent comme nettement plus lourd le plus petit de deux volumes différents, mais de poids objectif égal. Selon Piaget, les illusions primaires sont essentiellement dues aux *effets primaires* ou effets de champ. Leur diminution avec l'âge serait due à l'augmentation des *effets secondaires* qui corrigent partiellement les effets primaires, mais qui comporte elle-même des effets déformants, ce qui conduirait alors aux illusions secondaires. Dans le cas de l'illusion de Charpentier, par exemple, le sujet adulte s'attend à ce que le plus gros des deux volumes soit aussi plus lourd, mais comme les deux sont du même poids, il s'ensuit un effet de contraste entre l'anticipation et la perception réelle qui provoque l'illusion. En première approche, on pourrait dire que l'appareil perceptif est déformant en lui-même (effets primaires), mais que ses déformations sont corrigées (puis hyper-corrigées) par les activités perceptives du sujet, par son expérience du passé et par son intelligence.

1) *Les effets primaires*, ou effets de champ, interviennent lorsque le sujet percevant n'est pas actif, dans le sens qu'il n'explore pas la configuration proposée. C'est, par exemple, le cas d'un sujet adulte lorsqu'on lui présente certains excitants à l'aide d'un tachistoscope, ou lorsqu'il perçoit pendant une durée libre mais avec une fixation obligée. De même, on sait que l'exploration de l'espace visuel est moins active chez les enfants que chez les adultes.

Le sujet fixe simplement un segment quelconque du stimulus. Cette fixation suscite un certain nombre de déformations de la réalité, dans le sens que l'élément centré tend à être surestimé, de même que l'élément plus longuement centré (par rapport à un autre); inversement certaines configurations perceptives ne sont pas suffisamment explorées, ce qui provoque les illusions dites primaires, etc. Par ailleurs, ces mêmes effets interviennent lorsque l'attitude du sujet est conditionnée par l'importance donnée à un certain élément du champ total (rôle de l'attention, etc.). Ces effets primaires sont donc exclusivement relatifs aux effets locaux d'une seule centration et interviennent de la même manière, mais pas avec la même intensité, chez les enfants et chez les adultes.

2) *Les effets secondaires* découlant de l'activité du sujet provoquent une déformation subjective des éléments du champ par le fait même que le sujet est actif et explore son univers perceptif. Ces effets n'interviennent que si le sujet dispose de suffisamment de temps pour explorer librement, mettre en relation de façon active, etc. Sur le plan ontogénique, ces effets interviennent de plus en plus fortement avec l'augmentation de l'activité exploratrice (mouvements oculaires) et probablement surtout avec le développement de la précision de cette activité. Ces activités permettent une exploration active du champ total et une intégration continue de l'information (comparaison, transposition, mise en référence, etc.). D'un autre côté, ces activités peuvent être à la base de nouvelles déformations de la réalité. Par exemple, par le fait qu'il existe des explorations préférentielles («polarisées» à certaines régions du champ total) conduisant à des surestimations des parties du champ plus longuement ou plus activement explorées ou centrées, etc. Par ailleurs, on peut retrouver certaines déformations provoquées par les insuffisances de l'exploration et surtout par des mises en relation incomplètes, comme on les observe, par exemple, dans la perception du mouvement et de certaines dévaluations de l'espace qui en résultent.

En fait, il est inutile, voire impossible, de séparer artificiellement les effets primaires et secondaires les uns des autres, puisqu'il est probable que les uns dérivent d'une manière quelconque des autres : soit que les effets déformants du champ constituent «la sédimentation d'activités multiples», soit que les activités perceptives résultent d'une extension toujours plus large et plus mobile»[176] des effets de champs initiaux. En outre, il est possible de trouver des mécanismes apparaissant comme plus ou moins intermédiaires.

Il existe donc deux groupes de facteurs déformants dont les uns résultent de l'activité nulle ou insuffisante du sujet, et par conséquent des dispositions et mécanismes internes de l'appareil récepteur considérés de façon globale. Dans la terminologie piagétienne on parlera, pour l'ensemble des déformations résultant de ces phénomènes, d'*erreur élémentaire I*. Les autres déformations résultent soit du fait de la mise en relation des éléments du champ, soit de l'insuffisance de cette mise en relation. Il reste à préciser que même dans les cas où le sujet ne procède qu'à une seule centration, il y a établissement (actif ou non, mais sans activité perceptive au sens strict que l'on vient de définir) de relations entre les éléments de ce même champ, ce qui provoque des *surestimations relatives* de l'un ou l'autre élément, selon qu'il est mieux centré (*erreur élémentaire II*).

Le modèle des « Rencontres » et des « Couplages »[177] permet de se rendre compte au niveau abstrait des mécanismes en jeu. Les « Rencontres » caractérisent les « découpages hypothétiques » d'un segment perçu par le sujet en éléments rencontrés ou rencontrables par les récepteurs (au sens le plus général). Le nombre des rencontres augmente avec la durée de la centration, mais il y a désintégration plus ou moins rapide lorsque le sujet opère une décentration ou lorsque la centration dure trop longtemps.

Les « Couplages », de leur côté, caractérisent les relations que le sujet établit de façon active ou automatique entre les éléments rencontrés des différents segments qu'il perçoit. Les couplages actifs sont prolongés de manière logique, sur le plan des activités perceptives, par les activités de « transport » (spatial ou temporel).

Aussi bien les couplages entre éléments rencontrés de deux segments que les transports de segments peuvent être plus ou moins complets. Dans le cas d'une mise en relation totale, la déformation d'un élément par rapport à un autre est nulle, tandis que des mises en relation incomplètes, provoquées par des densités inégales de centration sur l'un ou l'autre des segments, peuvent provoquer des perturbations quelconques par rapport à la perception normale.

En ce qui concerne les effets des couplages incomplets, on a pu montrer[178] que la modification de la grandeur de certaines illusions optico-géométriques varie en fonction de la durée de présentation, avec un maximum temporel dépendant de la spécificité de l'illusion. L'explication donnée de ce phénomène est justement basée sur la théorie des couplages complets et incomplets, rendant ainsi compte des principaux effets observés dans ces expériences. Selon la disposition topographique des éléments, selon la localisation des points de fixation, etc., le maximum temporel correspond à des durées différentes et résulte toujours d'une inégalité de la densité des rencontres sur l'un ou l'autre segment de la figure.

Pour en revenir aux activités perceptives et à leurs effets, les exemples les plus frappants des transports incomplets se trouvent dans les travaux sur la perception du mouvement[179], où les transports incomplets spatiaux et temporels permettent, par exemple, de rendre compte du mouvement stroboscopique, etc.

Nous venons d'esquisser rapidement les facteurs contribuant à la déformation de l'espace ou de ses parties, perçus visuellement. Nous avons vu qu'aussi bien le récepteur « passif » que le récepteur « actif » déforment l'espace physique perçu ; l'erreur élémentaire I qui provoque des surestimations absolues, l'erreur élémentaire II qui entraîne des surestimations relatives à l'intérieur d'un champ de centration, et les transports plus ou moins complets causant entre autres des localisations et identifications erronées des objets. Entre les couplages automatiques, les couplages actifs et les transports, il semble exister une continuité assez profonde, l'exploration du champ devenant de plus en plus active et poussée.

Les recherches présentées à ce jour ne permettent pas d'affirmer que les effets primaires soient génétiquement antérieurs aux effets secondaires. On peut dire, par contre, et les recherches publiées le confirment, que les effets secondaires augmentent considérablement avec l'âge (du moins à partir de 5-6 ans, âge des plus jeunes sujets sur lesquels Piaget a expérimenté). En d'autres termes, le sujet devient de plus en plus actif dans sa perception et ce, non seulement au niveau des mouvements oculaires, mais surtout au niveau des mises en relations, des comparaisons, des confrontations, des identifications entre le perçu immédiat et l'ensemble des représentations, schèmes sensori-moteurs et opératoires du sujet, etc. La connaissance apparaît en conséquence comme un facteur qui influence au moins autant la perception qu'inversement : la connaissance n'est nullement une copie-image du réel obtenue par la perception, mais une construction progressive, où il y a interaction continuelle entre la perception, les activités du sujet et ses connaissances antérieures[180].

*
* *

3. Les images mentales et la mémoire[181]

Nous venons de voir que la perception n'est pas un simple enregistrement du monde extérieur, à plus forte raison donc, l'image mentale (les représentations imagées) et les schémas de la mémoire ne sont pas de simples copies du réel emmagasinées quelque part dans le cerveau du sujet, mais des constructions représentatives auxquelles participent les schèmes intériorisés et l'imitation différée[182].

Dans l'étude des images mentales et de la mémoire, un premier problème se pose sur le plan purement expérimental. Ces deux fonctions reposent, en effet, sur des conduites intériorisées et il n'est pas possible de les observer et d'en déduire la forme en regardant faire le sujet. Dans les deux cas, il est nécessaire de faire intervenir des conduites appropriées qui permettent, par «extériorisation» ou par «représentation concrète», d'obtenir quelque information sur les représentations internes du sujet. Piaget s'est servi à cet effet d'un ensemble de conduites de reproduction : gestes, dessins, explications verbales, reconstitution d'une situation avec des matériels hétérogènes *ad hoc* mis à disposition du sujet, etc., devant permettre de connaître les représentations du sujet et leur articulation par des conduites directes et effectivement agies.

Les images mentales procèdent d'une part de l'imitation[183], et plus particulièrement de l'imitation différée (en relation avec l'intériorisation des schèmes sensori-moteurs, *cf.* sixième sous-stade sensori-moteur) qui rendent possible la représentation; d'autre part, de la fonction sémiotique qui permet de remplacer un objet concret par un signifiant intérieur ou extérieur. Elles apparaissent donc comme l'intériorisation d'un objet (sous forme de signifiant symbolique) et des schèmes d'action qui s'y rapportent. Comme d'autres fonctions sémiotiques — le langage, en particulier — elles permettent, en tant que support symbolique imagé de la pensée, une reconstruction du passé et l'anticipation de effets de transformations ou d'opérations appliquées au réel, et même l'anticipation des processus eux-mêmes.

La mémoire, comme mode de connaissance portant sur la structuration et la reconstitution du passé, s'appuie sur l'image mentale, comme l'intelligence s'y appuie pour pré-«voir» les conséquences de ses opérations (tout en l'enrichissant d'ailleurs : l'augmentation de la flexibilité et de la mobilité des opérations s'exprimant également par une plus grande mobilité des images mentales).

Pour ce qui est du développement ontogénétique des images mentales[184], on constate, en premier lieu, une amélioration générale des images, à partir du moment où elles commencent à s'installer (derniers sous-stades du développement sensori-moteur) jusque dans les périodes opératoires. En deuxième lieu, il s'avère que la constitution des images anticipatrices (cinétique et de transformation) est solidaire du développement opératoire et que les premières conduites appropriées ne s'élaborent qu'à partir de 7-8 ans pour se perfectionner au cours des années[185].

En ce qui concerne le développement de la mémoire[186], on constate de nouveau une amélioration générale des conduites. En plus, il existe une double relation entre le développement de l'intelligence (ou entre le développement opératoire de l'enfant) en ce sens que les conduites mnésiques dépendent d'une part du niveau de développement de l'enfant au moment où on le confronte à la situation (ce qui n'est pas étonnant) et d'autre part, du niveau de l'enfant au moment où on lui demande de reconnaître ou de reconstituer la situation à laquelle il a été confronté. Cette deuxième dépendance s'exprime par le fait que l'enfant qui reconstitue le passé, qui essaie de se souvenir ne reproduit pas simplement la situation, ses faits, gestes et paroles, mais transforme, en le reconstruisant, son souvenir en fonction de son niveau de développement intellectuel actuel. En d'autres termes, la mémoire «progresse» parallèlement au développement cognitif. Lorsque, par exemple, on présente à l'enfant un problème de conservation de la substance (les boulettes de pâte à modeler dont on déforme l'une) auquel il répond par la non-conservation, il se peut que quelques mois plus tard, face au même problème (mais ayant évolué entre-temps) l'enfant, non seulement présente des conduites de conservation, mais encore prétende que ce sont bien des réponses de ce genre qu'il a données lors de la première séance[187]. Corollairement, on constate que les reconstitutions de situations vues par l'enfant, ne sont pas simplement des reconstitutions en copie, mais dépendent bien plus de la façon dont l'enfant a compris la situation (c'est-à-dire qu'elles dépendent du niveau intellectuel de l'enfant).

Il conviendrait de faire ici quelques remarques sur le développement du dessin, car d'une part celui-ci est un moyen d'expression qui a été fréquemment utilisé dans les recherches présentées ici, et d'autre part le dessin est à lui-même un signifiant permettant de désigner un autre objet (et non seulement un moyen de «traduction» des images ou représentations intériorisées). On constatera, cependant, que Piaget n'a pas consacré d'expériences ou de recherches au développement du dessin enfantin et que les nombreuses allusions à celui-ci se fondent essentiellement sur les travaux de G. Luquet[188].

*
* *

4. Le développement du langage et des moyens de communication[189]

Le langage, comme système de signes différenciés et conventionnalisés, servant aussi bien à la communication interindividuelle (et intraindividuelle, comme nous le verrons) qu'à la formation de concepts de plus en plus généraux et abstraits, commence à s'installer (en tant que langage et pas simplement en tant que production acoustique) au cours des deux derniers sous-stades du développement sensori-moteur. Nous n'avons pas à revenir sur le problème central de la formation des concepts[190] et nous renvoyons le lecteur aux ouvrages spécialisés pour ce qui est du développement du langage au sens restreint[191], les recherches piagétiennes ne portant pas explicitement sur ce problème.

On sait (ne serait-ce que par introspection) que le langage n'a pas seulement une fonction comme instrument de communication (allant de la simple initiation d'actions ou inhibitions d'actions jusqu'au discours formel), mais qu'il est aussi fonction sémiotique et de ce fait l'un des supports de la pensée du sujet[192].

Or, Piaget a mis en évidence en observant les manifestations linguistiques de sujets de quatre à sept ans que celles-ci n'étaient pas seulement d'ordre communicatif, mais surtout qu'elles avaient un caractère personnel, «égocentrique». Pour les enfants de cet âge, le langage ne sert pas seulement à communiquer, mais tout autant à commenter l'action qui est en cours. Lorsque plusieurs enfants sont ensemble et jouent, on peut remarquer que leurs paroles (même si elles semblent adressées à un interlocuteur) ne servent pas toujours à établir la communication, mais tout aussi bien à commenter leur action propre. A cet égard, Piaget parle de «monologues» et de «monologues collectifs» et il montre que leur fonction — contrairement au langage «socialisé» qui sert à la communication — est d'«accompagner, renforcer ou supplanter l'action»[193]. Ce langage égocentrique[194] diminue peu à peu pour disparaître complètement au cours de la dernière phase préopératoire. On peut supposer que cette dernière conduite s'intériorise progressivement comme c'est le cas pour d'autre conduites au cours du développement. Pour ce qui est du langage socialisé, par contre, Piaget montre qu'il évolue à la fois vers des formes de coopération (ou de collaboration) de mieux en mieux caractérisées (passage de la simple association de l'interlocuteur à l'action propre, à la collaboration de situations concrètes, puis de plus en plus abstraites) et d'échange ou d'opposition des actions et des idées (évolution du choc entre actions et intentions contraires à la «discussion primitive», sans motivation des points de vue, puis à la discussion véritable)[195, 196].

* * *

5. Le développement du jeu

Les questions concernant les conduites ludiques et leur développement génétique ont été incluses dans ce chapitre à cause de l'importance du jeu symbolique. Le jeu symbolique contraste, en effet, avec l'imitation, où le sujet accommode essentiellement ses schèmes d'action à l'objet, en ce qu'il assimile (souvent à outrance) les objets de son environnement à ses intentions et à ses désirs. Le «faire comme» de l'imitation est compensé par le «faire comme si» du jeu symbolique.

Piaget distingue[197] notamment trois catégories de jeu; le jeu d'exercice, le jeu symbolique et le jeu de règles.

— *Jeu d'exercice :* dès leur plus jeune âge les enfants répètent toutes sortes d'actions pour le seul plaisir de les répéter et d'y réussir. Ces conduites se prolongent (en diminuant) jusqu'à l'âge adulte (où l'on voit des sujets s'exercer pendant des heures pour réussir un mouvement particulier) et se différencient, ne portant plus simplement sur l'action directe, mais tout autant sur les pensées et l'activité opératoire (le jeu du «pourquoi» chez les enfants de 3-4 ans, la confabulation, etc.) ;

— *Jeu symbolique :* le jeu symbolique trouve son origine vers les deux derniers stades du développement sensori-moteur, lorsque l'enfant commence à appliquer un schème sensori-moteur à vide (c'est-à-dire sans objet), en dehors de son contexte habituel, etc. L'enfant commence à «faire semblant», en attribuant toutes sortes de significations plus ou moins évidentes aux objets et en leur faisant subir son action (faire semblant de pleurer, de dormir, de donner quelque chose à quelqu'un, inventions de situations, etc.)[198]. Puis entre 4 et 7 ans, le jeu symbolique s'articule de plus en plus par la fabrication de situations complexes, souvent assez durables (s'imaginer un monde dans lequel on prétend vivre, etc.) avec un souci de contrefaire ou de simuler le réel (tout en le modifiant en fonction des besoins) qui approche un certain équilibre entre l'imitation et le jeu symbolique.

«... le symbole ludique évolue dans le sens d'une simple copie du réel, les thèmes généraux restant seuls symboliques et le détail des scènes et des constructions tendant à l'accommodation précise et même souvent à l'adaptation proprement intelligente[199].»

Il va de soi qu'à ce moment débutent les jeux symboliques collectifs qui commencent par des simples coexistences de rôles dans le jeu, pour devenir peu à peu des jeux coopératifs, où le rôle de chaque participant est fixé (jeux de dînette, famille, etc.).

— *Les jeux de règles :* les derniers exemples que nous venons d'évoquer appartiennent, on le voit bien, aussi bien au jeu symbolique qu'aux jeux de règles : on ne fait pas seulement semblant, mais on le fait selon des prescriptions plus ou moins mobiles qui déterminent le rôle de chacun. En plus, les jeux de règles (qu'il s'agisse d'action directe dans l'activité sportive, ou de conduites essentiellement intériorisées, comme les échecs ou les jeux de cartes) ne conduisent pas seulement à la coopération, mais aussi (inversement) à la compétition qui caractérise sans doute les jeux des enfants d'âge scolaire et de l'adulte[200].

*
* *

Le développement des opérations sur les ensembles d'objets : opérations logico-mathématiques

Nous venons de voir comment la notion d'objet — au sens le plus large qui inclut aussi bien l'objet en tant que tel, que les diverses propriétés qui se conservent — se développe chez l'enfant, et comment cet objet peut être remplacé à des niveaux différents par des systèmes de représentation ou de substitution appropriés. Les deux prochains chapitres seront consacrés à une discussion des modes d'action (et aux connaissances tirées de ceux-ci) que l'enfant développe pour articuler des ensembles d'objets (opérations logico-mathématiques) et pour approfondir sa connaissance de l'objet lui-même (opérations infralogiques).

Les activités logico-mathématiques dont Piaget a décrit la genèse dans les conduites enfantines concernent, en premier lieu, les classifications, les ordonnancements et les dénombrements. Dans la *classification* le sujet réunit des objets selon leurs ressemblances, leur «égalité» à un ou plusieurs points de vue, etc. Il établit des *systèmes de classes emboîtés* ou *hiérarchisés* (la classe des chats est contenue dans la classe des mammifères qui est dans la classe des vertébrés, puis des animaux, des êtres vivants, etc.), en considérant les ressemblances de plus en plus générales entre objets. Par ailleurs, il établit des *systèmes multiplicatifs de classes* en considérant simultanément des qualités indépendantes des objets (la classe des objets qui sont à la fois rouges et carrés, la classe des objets qui sont rouges, mais pas carrés, celle de objets carrés, mais pas rouges et celle des objets qui ne sont ni l'un ni l'autre, etc.).

Inversement, en se centrant plutôt sur les différences entre objets que sur leurs ressemblances, le sujet établit des relations. Dans certains cas, il pourra ordonner un ensemble d'objets selon une relation considérée (sérier des baguettes en ordre croissant, ordonner des objets du moins rouge au plus rouge, etc.) ou même selon plusieurs relations (ordonner des feuilles en ordre croissant et simultanément des moins vertes aux plus vertes, etc.[201]).

Par ailleurs, le sujet peut dénombrer, compter, ranger ou arranger, etc.

*
* *

En deuxième lieu, et à un niveau légèrement différent, nous pouvons encore mentionner les fonctions et les géométries. D'une part, ces notions et les opérations qui en relèvent apparaissent bien comme de type logico-mathématique, mais par ailleurs, elles procèdent tout autant de la physique de l'objet lui-même pour ce qui est de la géométrie et de la causalité des phénomènes physiques pour ce qui est des fonctions[202].

*
*   *

1. Le développement des conduites de classification[203]

Nous avons déjà fait allusion aux tendances de l'enfant à établir très précocement des sortes de catégories d'objets auxquels un même schème sensori-moteur peut s'appliquer[204]. Mais cette tendance ne correspond pas (à plusieurs égards) aux activités de classification et de constitution d'ensembles de l'adulte ou de l'enfant plus avancé (bien qu'elle les préfigure sans doute). D'une part, ces catégories ne se manifestent qu'au niveau de l'action directe, y sont indissociablement liées, et ne conduisent pas encore à la formation de concepts par des processus d'abstraction quelconques, d'autre part, les catégories établies ne présentent aucune stabilité (faute de définition en compréhension : par prise de conscience des conditions qui définissent l'appartenance à une catégorie, ou en extension : par la possibilité de savoir quels sont les objets qui appartiennent à la catégorie), et elles sont même caractérisées par leur statut flou et provisoire ou momentané qui dépend de la situation spatio-temporelle de l'objet autant que des intentions de l'enfant.

Pourtant vers l'âge de 2-3 ans et jusque vers 4-5 ans[205], les enfants deviennent capables de premières formes de «classification» lorsqu'ils sont confrontés avec un matériel plus ou moins hétérogène. Les conduites que l'on peut observer ne consistent cependant pas à regrouper les objets en classes d'équivalence selon leurs ressemblances, mais plutôt à rassembler les objets selon des critères de «convenance» (de type fonctionnel, par exemple, poser un arbre à côté d'une maison, au lieu de le poser avec d'autres arbres; ou poser un triangle sur un carré, parce que cela fait une maison, etc.). L'articulation finale devenant souvent ce que Piaget appelle une «collection figurale», c'est-à-dire une structure empirique, où «la dame garde les animaux», «l'homme surveille les moutons pour qu'ils ne s'en aillent pas» et le petit banc est au milieu des arbres «comme chez ma grand-mère», etc. En bref, l'enfant compose un tableau, où la consigne «de mettre ensemble ce qui va ensemble» est interprétée en fonction d'un système de critères multiples et hétérogènes qui se mêlent assez librement. Par ailleurs, le sujet commence à aligner les objets, selon leurs ressemblances, mais souvent sans critère unique ou invariable et en changeant de temps en temps de stratégie, etc. Ces ébauches dans la direction de la définition en compréhension de classes d'équivalence trouvent leur parallèle dans les progrès d'une définition par extension : sans être encore capable de fabriquer des classes homogènes auxquelles tous les objets — mais que ceux-ci — présentant une ressemblance définie appartiennent, l'enfant commence à entasser les objets qui vont ensemble pour les regrouper.

Entre 4 et 7 ans, l'enfant développe des conduites classificatoires qui se rapprochent de plus en plus des systèmes à critères « objectifs » : il articule un ensemble d'objets en petites collections juxtaposées, mais pour l'instant sans articuler les critères, ce qui conduit, par exemple, à la coexistence indépendante d'une classe d'objets rouges et d'une classe d'objets carrés, sans tentative de composition des critères. Les résidus d'objets non classés ou considérés comme non classables disparaissent peu à peu et les critères deviennent uniques (formes, couleurs, etc.). Ainsi, l'enfant procède à des articulations intérieures des classes disjointes : la classe des objets « rectilignes » s'articule en carrés, triangles, rectangles, etc., par exemple.

Avec un certain décalage par rapport aux conduites qui viennent d'être décrites, l'enfant devient également capable d'établir des systèmes de classification hiérarchiques ou multiplicatifs.

Les classifications emboîtées ou hiérarchiques posent le problème particulier du réglage du « tous » et du « quelques ».

En effet, s'il est vrai que tous les canards sont des oiseaux (et que la classe des canards est donc une sous-classe des oiseaux) et que ceux-ci sont tous des animaux, etc., une difficulté particulière réside cependant dans l'utilisation des quantificateurs « tous » et « quelques » dans cette situation. Il apparaît que « tous les canards sont des oiseaux », mais que « quelques oiseaux (seulement) sont des canards », etc. Ces problèmes sont cependant maîtrisés par l'enfant vers 9-10 ans en moyenne[206].

Les classifications multiples posent également un problème particulier, dans le sens que s'ajoute à la simple difficulté de coordonner simultanément plusieurs critères indépendants, celle de placer les objets spatialement d'une façon qui permette de bien comprendre l'articulation visée[207]. Les recherches effectuées montrent à nouveau que les classifications multiplicatives sont en général réussies vers 8-10 ans, mais une fois de plus avec des variations (décalages) en fonction du nombre de critères en jeu, du matériel (matrices à compléter, à constituer spontanément par rangement d'objets dans des boîtes, matrices complètes ou partielles — c'est-à-dire ne présentant qu'une partie des lignes et colonnes possibles —, etc.). Par ailleurs, on observe une mobilité constante des conduites de classifications qui permettent à l'enfant de réajuster le système qu'il a envisagé en fonction de nouvelles informations (éléments supplémentaires qu'on lui donne pour les intégrer dans la classification ébauchée).

*
* *

2. Les conduites de sériation ou d'ordonnancement et leur développement[208]

Les recherches relatives aux conduites de sériation se fondent toutes sur la situation type suivante : on donne au sujet un ensemble d'objets (par exemple des baguettes de différentes grandeurs) et on lui demande d'ordonner ces éléments par ordre de grandeur (selon les situations, on demande à l'enfant de faire un escalier, d'arranger les objets pour que ce soit joli, etc., ou on commence un début de sériation). Des variantes consistent à faire intercaler de nouveaux éléments entre les éléments d'une série établie, à faire faire des sériations multiplicatives (sérier des éléments selon deux qualités variables à la fois, grandeur et intensité de la coloration, par exemple) ou à faire correspondre les éléments ordonnés de deux ensembles indépendants (faire correspondre, par exemple, à chaque poupée d'une série une canne d'une série parallèle).

Dans toutes ces expériences on observe que l'enfant devient capable d'effectuer spontanément des sériations simples et multiplicatives vers l'âge de 7-8 ans. Ce niveau d'achèvement est cependant précédé par des conduites plus primitives, consistant (pour les plus jeunes sujets jusqu'à 4-5 ans) à établir des couples d'un petit et d'un grand élément, mais sans tentative de sériation, puis à l'établissement de séries partielles (petites séries sans coordination entre elles). Après une phase intermédiaire, où l'enfant réussit une sériation correcte grâce à des tâtonnements successifs, le niveau de réussite spontanée est finalement atteint.

*
* *

3. Applications et fonctions[209]

Lorsqu'on dispose de deux ensembles contenant le même nombre d'éléments, il paraît évident que cette équivalence numérique soit indépendante des arrangements spatiaux des objets. Par ailleurs, il semble assez simple d'établir une telle correspondance « biunivoque » entre deux ensembles, puisqu'il suffit de faire correspondre à chaque ensemble un élément du second.

Or, on constate que ni l'établissement d'une telle égalité numérique, ni son indépendance de la disposition spatiale ne sont évidentes avant l'âge de 5-7 ans. De multiples expériences portant sur ce problème montrent que les jeunes sujets ne différencient pas l'espace occupé par les éléments d'un ensemble et leur nombre et ne réussissent même pas à établir la correspondance numérique par des actions appropriées. Dans ces expériences, on donne à l'enfant quelques objets semblables alignés devant lui (6 bouteilles, dix vases, etc.) et on lui demande de former un ensemble ayant le même nombre d'éléments avec des objets ayant une liaison fonctionnelle avec les premiers (verres pour les bouteilles, une fleur pour chaque vase, etc.), en alignant parallèlement les éléments des deux ensembles. Dans une variante, l'enfant échange avec l'expérimentateur des pièces de monnaie contre des objets et on demande à l'enfant, si l'ensemble des pièces de monnaie dépensées et l'ensemble des objets achetés sont numériquement équivalents.

Les enfants d'un niveau intermédiaire parviennent pourtant à établir la correspondance numérique de départ, mais dès que l'expérimentateur modifie la disposition spatiale des objets, cette égalité disparaît et l'enfant n'est même plus certain de pouvoir rétablir l'égalité en réarrangeant les objets comme ils étaient avant! Ce n'est qu'au stade final que la correspondance entre chaque terme et l'équivalence numérique deviennent durables et indépendants de la perception directe, condition nécessaire à cette nouvelle notion d'invariance qui s'établit.

Les expériences sur des correspondances co-univoques où l'on fait correspondre à chaque élément d'un ensemble plusieurs (2 ou 3 par exemple) éléments d'un autre ensemble, ou encore, où l'on fait correspondre aux éléments d'un ensemble chaque fois un élément de plusieurs ensembles (ex. faire correspondre à chaque vase une fleur rose et une fleur bleue) donnent des résultats comparables.

«La notion de fonction exprime essentiellement une *dépendance*, que celle-ci soit donnée entre propriétés variables ou même constantes des objets, ou qu'elle soit établie entre des éléments ou caractères inhérents aux actions ou constructions du sujet[210].»

«... toutes les sortes de dépendance sont susceptibles de revêtir une forme fonctionnelle et le problème n'est plus alors d'assigner à la fonction une origine particulière, mais de trouver ce qu'il y a de commun à ces origines multiples. A cet égard le statut de la fonction est comparable à celui de l'espace, puisque les relations spatiales peuvent être, elles aussi, tirées des objets par abstraction, simple ou physique, ou construites par abstraction réfléchissante à partir des coordinations générales de l'action et fondées sur des opérations déductives... la fonction est l'instrument de l'établissement des lois physiques aussi bien que d'un grand nombre de structures (morphismes, etc.) logico-algébriques[211].»

Or,

«... la constitution des fonctions précède de beaucoup celle des opérations, si l'on définit ces dernières par leurs compositions réversibles et par la constitution de structures d'ensemble impliquant à la fois des invariants et un système fermé de transformations[212].»

Nous venons, en effet, de voir à propos des correspondances biunivoques que l'application bijective devient possible au stade intermédiaire déjà, mais qu'une fois établie elle n'est pas résistante aux modifications de l'arrangement spatial. L'enfant sait donc établir une application ou une fonction, mais celles-ci ne sont pas encore intégrées à une structure d'ensemble, et de ce fait, ni invariantes, ni réversibles (ce qui s'exprime clairement dans le fait que les enfants, d'une part n'admettent pas l'équivalence numérique lors des déplacements des objets, et d'autre part ils ne sont pas capables de prévoir, ni par un retour empirique, ni par réversibilité de la transformation appliquée, le rétablissement de l'équivalence de départ). En plus, les enfants deviennent même capables de composer des transformations successives (une transformation a, puis une transformation b, correspondant à une transformation unique c, etc.), mais à nouveau sans être capables de les coordonner en structure d'ensemble (groupes de transformation, par exemple).

A cet égard, Piaget distingue entre les fonctions constituantes (caractéristiques de la pensée préopératoire) et les fonctions constituées (caractéristiques de la pensée opératoire), et ceci pour deux raisons.

«La première est que la fonction déborde le domaine qui sera celui des opérations du sujet puisqu'elle est en réalité la source commune des opérations et de la causalité : il y a donc avantage à considérer les «dépendances» fonctionnelles en elles-mêmes avant que leur sort ne se lie à celui des opérations. La seconde raison est plus importante encore. Psychologiquement la source commune des opérations et de la causalité est l'action propre, dont les aspects dynamiques fournissent par abstractions simples l'expériences des premières liaisons qui prendront une forme causale, tandis que leurs structures de coordination donnent lieu aux abstractions réfléchissantes grâce auxquelles se construiront les opérations. Or, l'action comporte un ensemble de dépendances ordonnées (entre les conditions de son effectuation et ses résultats ; entre les objets servant de moyens et les objets terminaux comme dans les conduites instrumentales ; entre une action et la suivante dans les coordinations plus ou moins spéciales ou générales, etc.). Il est alors non seulement naturel, mais même assez éclairant, de considérer les fonctions constituantes comme l'expression des dépendances propres aux schèmes représentant précisément par ailleurs le type même d'une "application"[213].»

«En fait, les fonctions constituantes représentent la matrice formatrice des futures structures opératoires, autrement dit expriment ce en quoi les actions conduisent aux opérations. Mais celles-ci une fois élaborées, les fonctions ne perdent pas pour autant leur originalité de «dépendances» orientées ou d'applications de structures : elles s'enrichissent seulement d'une quantification progressive qui diversifie leurs variétés et leur permet surtout de se composer entre elles de façon opératoire et de se multiplier ainsi à l'infini[214]. »

On constate, en effet, qu'au cours de l'apparition et du développement des opérations concrètes, l'enfant devient peu à peu capable de comprendre d'abord sur le plan qualitatif, puis sur le plan quantitatif des dépendances fonctionnelles du type $y = f(x)$ (par exemple le chemin parcouru par une roue qui fait un seul tour est fonction de son diamètre, si elle fait plusieurs tours, le chemin parcouru dépend du diamètre de la roue, du nombre de tours ou de leur fréquence, etc.[215]).

4. Le développement de la notion du nombre[216]

Nous venons de voir que les opérations de classifications, de sériation et les correspondances biunivoques se construisent parallèlement et aboutissent toutes à un premier niveau d'équilibre vers l'âge de 7-8 ans. Or, selon Piaget, le nombre (dont les premières manifestations s'observent de la façon la plus évidente dans les correspondances biunivoques) est une synthèse

« à partir des inclusions de classes et des relations d'ordre. Le propre d'un ensemble numérique ou dénombrable, pour ne pas dire numérable, par opposition à des collections simplement classables ou sériables, est d'abord de faire abstraction des qualités des termes individuels, de telle sorte qu'ils deviennent tous équivalents[217]. »

Confronté à une collection quelconque d'objets, le sujet finit donc par faire abstraction de toutes les propriétés particulières des objets, sauf leur existence.

« La seule distinction possible qui subsiste alors, à défaut de qualité, est celle qui résulte de l'ordre $I \to I \to I \to ...$[218] (positions dans l'espace ou le temps, ou ordre d'énumération)...[219] »

Mais par ailleurs, et parallèlement, ces objets peuvent être insérés dans un système hiérarchique de classification : « la classe contenant un objet est incluse dans la classe qui contient un et un objet, celle-ci est incluse dans celle qui contient un et un et un objet, etc. » (dans la notation de Piaget : $(I) < (I + I) < (I + I + I)...$ etc.[220]). Le nombre entier apparaît alors comme une synthèse opératoire des articulations par ordination ou par inclusions successives et les dépassant par ses propriétés beaucoup plus générales. Le produit de cette synthèse est représenté par Piaget sous la forme suivante : $\{[(I) \to (I)] \to (I)\}...$[220] qui montre bien le caractère à la fois ordinal (« un et un et un » ou « le premier, puis le deuxième, puis le troisième »...) et cardinal (« la classe contenant un élément est incluse dans la classe contenant un et un élément, etc. » ou « un est contenu en un et un » ou encore, « un est contenu dans deux qui est contenu dans trois... ») du nombre.

Il serait tentant de supposer, au vu de cette description, que le nombre apparaît dès que les opérations de classification et de sériation sont bien en place. Or, l'exemple de la correspondance biunivoque dont on se rappelle la précocité relative, montre bien qu'il n'en est rien. En fait, selon Piaget, ces opérations évoluent synchroniquement et en interdépendance étroite :

> « il semble donc qu'à partir des structures initiales, il puisse y avoir abstraction réfléchissante des liaisons d'emboîtement et d'ordre à des fins multiples avec échanges collatéraux variables entre les trois structures fondamentales de classes, relations et nombres[221]. »

D'autres recherches effectuées portent sur la cardination et l'ordination simultanées, la composition additive des nombres (par exemple, 8 = 4 + 4 = 7 + 1...), les inférences numériques, l'itération, etc.[222].

*
* *

5. Le passage aux opérations formelles et à la logique des propositions

> « Ordonner, classer ou compter des objets sont évidemment des actions exercées sur des objets (ce qui ne signifie pas, il va de soi, que l'on ne puisse construire, sans les appliquer à des objets physiques, des relations d'ordre, des classes ou des nombres). Lorsqu'il s'agit de jeunes enfants, ces actions d'ordonner, de classer ou de dénombrer s'accompagnent d'abord presque toujours d'une manipulation d'objets physiques. A un niveau un peu plus élevé le sujet peut ordonner, classer ou compter ces objets physiques, mais en se contentant de les regarder, sans manipulation. Plus tard, il lui suffira de les imaginer (l'action portant alors sur les signifiants que sont les signes graphiques ou les images mentales, etc.). A un niveau supérieur, enfin, le sujet deviendra capable de constructions opératoires « pures », c'est-à-dire sans contenu se référant à des objets physiques[223]. »

Nous voyons qu'au cours de son développement, l'enfant parvient à se libérer de plus en plus des limitations imposées par le réel qui lui avait (le réel) pourtant justement permis (par les actions exercées sur les objets et ensembles d'objets) de construire un système opératoire complexe et flexible. La pensée du préadolescent se détache de plus en plus des contraintes du réel, des liaisons spatio-temporelles, pour devenir formelle et extemporanée. Ses opérations intellectuelles dépassent le niveau pragmatique, centré sur le réel pour insérer la connaissance.

> « dans le possible et pour relier directement le possible au nécessaire sans la médiation indispensable du concret »[224].

Sur le plan des conduites du sujet, cela amène les opérations « formelles » (combinatoire, logique propositionnelle, groupe INRC réunissant en une seule structure les groupements du niveau concret et dépassant par son caractère de généralité le groupe des nombres entiers qui s'élabore parallèlement aux groupements) qui se manifestent par la quantification des fonctions (y incluses les proportions), l'utilisation de systèmes de référence multiples, etc.

Connaissance de l'objet et action sur l'objet : opérations infra-logiques

Dans ce chapitre, nous verrons comment l'enfant développe sa connaissance de l'univers qui l'entoure, comment il tente de l'expliquer et enfin comment il développe un ensemble d'opérations qui lui permettent de maîtriser cet univers. Il ne s'agira donc pas de voir, comme au précédent chapitre, les diverses manières (plus ou moins évoluées) qu'acquiert l'enfant pour articuler les objets entre eux, par leur ressemblance, leurs différences ou leur nombre, et comment ces moyens opératoires se construisent par abstraction réfléchissante à partir de l'action propre et autonome. Il s'agira au contraire, de voir comment l'enfant se représente l'univers sous son aspect spatio-temporel (représentation de l'espace, notion du temps, du mouvement et de la vitesse) et causal (causalité enfantine et explications, démarches « scientifiques » et « expérimentales » permettant d'approfondir la connaissance, notion de l'aléatoire, etc.), ensemble de notions qui se construit plutôt à partir de l'abstraction simple, puis de l'attribution au réel des intentions, opinions, des connaissances établies et des opérations.

*
* *

1. La représentation de l'espace et le développement de la mesure[225]

Avant de parler de la représentation de l'espace proprement dite, il convient de signaler que l'enfant construit, au niveau de l'action pratique et directe, un espace dont l'organisation est achevée à la fin du stade sensori-moteur. Il dispose donc, à partir de ce niveau, d'une connaissance pratique qui lui permet de faire des détours, de composer des déplacements possibles[226]. Sa capacité de représentation se limite pourtant aux déplacements eux-mêmes et non à une représentation de l'espace en tant que tel. Les recherches de Piaget montrent, en effet, que les enfants bien plus âgés (à partir de 4-5 ans) ne peuvent pas encore se représenter un espace connu (leur école, le quartier qu'ils parcourent pour y aller, etc.) bien qu'ils soient parfaitement capables de s'y déplacer, de composer et de varier les déplacements, etc.[227].

Une représentation de l'espace et une métrique de celui-ci reposent essentiellement sur un système qui permet de tenir compte et de conserver plus ou moins bien ses propriétés reconnues. Les diverses géométries de l'adulte (euclidienne, projective, topologique, etc.) se distinguent essentiellement par la spécificité ou la généralité de leurs énoncés, l'étroitesse ou la largeur des déformations tolérées, la précision des constatations, la latitude des transformations permises, etc.[228]. De même les mesures peuvent être simples et primitives (classifications, échelles «nominales») ou plus complexes, mais aussi plus précises [ordination des objets selon leur grandeur, développement d'un système «métrique» disposant d'une unité arbitrairement fixée qui peut être reportée (itération), etc.].

En considérant la représentation spatiale, on constate que les premières propriétés que l'enfant conserve (et respecte) sont d'ordre topologique. On observe

> «la présence d'un certain nombre d'intuitions topologiques fondamentales. Sitôt capable de dessiner (entre trois et quatre ans)[229], le sujet copiera des carrés, des cercles, des rectangles, des triangles, etc., sous la forme de figures quelconques fermées[230] (sans droites ni angles), tandis qu'il représentera des croix, des anneaux interrompus, etc., par des figures ouvertes. Un petit cercle placé à l'intérieur d'une ellipse, à l'extérieur de celle-ci ou sur sa frontière, sera dessiné selon ces trois positions exactes...[231]»

Les enfants deviennent peu à peu capables d'analyser des nœuds et de distinguer les vrais des faux (constitués de ficelles superposées mais non entrelacées) et de reconstituer des ordres spatiaux simples (suite de perles enfilées sur une ficelle, etc.). Mais ils ne disposent pas encore de la réversibilité opératoire, ce qui les rend incapables (pour le moment) de reconstruire de telles suites en ordre inverse, ou encore d'imaginer ce qui se passe avec elles lorsqu'on les cache des mains et leur fait subir une rotation d'un demi-tour ou d'un tour entier[232]. L'ensemble de ces conduites ne s'achève, par conséquent, qu'au niveau des opérations concrètes.

Tandis que les notions relatives au «continu» et au «point» ne sont pleinement maîtrisées qu'au niveau des opérations formelles, les enfants de la deuxième période des opérations concrètes peuvent coordonner plusieurs points de vue possibles de différents observateurs inspectant un même objet, ou tenir compte des déformations (apparentes) d'un objet qui subit un changement de position[233], etc. L'enfant construit un espace projectif. Les expériences visent à voir s'il est capable de se représenter un paysage, par exemple, comment il serait vu par un observateur qui se trouve en face de lui, à gauche ou à droite (les relations «à gauche de», «à droite de», «devant» ou «derrière» deviennent donc relatives au point de vue de l'observateur) de même, l'enfant devient capable de se représenter les sections d'un corps solide ou le «développement» des surfaces d'un corps. Ces résultats (d'ailleurs parallèles au développement du dessin enfantin) ne renseignent pourtant pas seulement sur le développement de l'espace : à un niveau beaucoup plus général, ils indiquent que l'enfant se décentre de son point de vue propre et personnel (égocentrisme intellectuel), pour coordonner différents points de vue possible.

Durant la même période s'achève le développement des opérations de mesure par la constitution d'une métrique consistant à définir arbitrairement une unité de mesure, puis à la reporter ou à l'itérer par un mouvement approprié sur l'objet à mesurer[234]. La plus belle expérience à cet égard, porte sur la construction d'une tour qui doit être de la même hauteur qu'un modèle qui se trouve à un autre niveau que le plan de construction et qui n'est pas directement visible depuis le «chantier». L'enfant doit donc développer des stratégies appropriées pour «transporter» ou pour «transposer» la hauteur du modèle sur sa propre construction. A un premier niveau (jusqu'à 4-4; 6 ans) l'enfant se sert simplement du transport perceptif (déplacement du regard du modèle sur la construction ou inversement), en cherchant un endroit où il peut voir les deux simultanément et en établissant des comparaisons plus ou moins sommaires et syncrétiques ou analysées. Entre 5 et 7 ans, il commence à essayer de transporter les objets eux-mêmes (soit le modèle, soit sa propre construction), puis à se servir d'une sorte de moyen terme particulier, son corps propre. L'enfant imite le modèle (en écartant les mains ou les bras ou en essayant de fixer les limites sur son corps, etc.) par des conduites appropriées, tentant ainsi de se servir d'une sorte de moyen terme primitif et d'un «signifiant» de la hauteur qui devient alors «signifiée». A partir d'un troisième niveau, ce signifiant se matérialise par l'utilisation d'instruments de mesure au sens propre. L'enfant commence à se servir de tiges pour véhiculer l'information. Au début, ces tiges doivent avoir la longueur exacte du modèle, elles symbolisent donc bien la hauteur, mais elles n'ont pas encore le caractère d'une mesure indépendante de l'objet. Puis l'enfant devient capable de se servir d'une tige trop longue, en marquant les différences et finalement il devient capable de se servir d'un moyen terme quelconque, même beaucoup plus petit, en reportant l'unité arbitraire le nombre de fois nécessaire[235, 236].

L'ensemble de ces développements (coordination des points de vue sur le plan de la représentation, structuration métrique sur le plan des opérations) s'achèvent par l'établissement d'un espace euclidien et par la généralisation de la mesure aux systèmes de coordonnées «naturelles» (horizontale, verticale), arbitraires et de référence (coordonnées naturelles dans le paysage : route, ruisseaux, etc., par exemple), ainsi que par la représentation des groupes de déplacement, la mesure appliquée aux volumes, etc. Dans la mesure où ces développements s'appuient sur des considérations essentiellement qualitatives, ils s'achèvent déjà au deuxième niveau des opérations concrètes, tandis qu'il faut attendre le stade des opérations formelles pour les quantifications généralisées (calcul des proportions dans les similitudes, etc.).

*
* *

2. Remarques sur le développement de la notion du temps[237]

La construction des notions et des opérations relatives aux phénomènes qui se déroulent dans le temps se présente *grosso modo* comme parallèle à la construction de l'espace. Après une période d'indifférenciation, où l'enfant est non seulement incapable de sérier des événements successifs qui se sont déroulés dans le temps, etc., mais surtout ne comprend pas, dans l'essentiel, de quel problème il s'agit[238], il devient peu à peu capable de sérier des événements (ou les différentes phases d'un processus représenté par des images des états successifs) et de dissocier la durée de l'espace parcouru et de la vitesse des mobiles. Les multiples notions relatives à l'ordination des événements, la comparaison d'intervalles temporels (et de l'analyse de leurs emboîtements éventuels), la simultanéité, la succession et la synchronicité des événements, etc.[239], ne sont cependant pas encore reliées en une structure d'ensemble, ce qui empêche évidemment l'enfant de les coordonner ou de les composer de façon appropriée. Ce n'est qu'au cours d'un troisième niveau de développement (à peu près contemporain de la deuxième période des opérations concrètes) que l'enfant devient réellement capable de coordonner et de composer les événements temporels. Ainsi, par exemple, il série deux ensembles de dessins qui représentent d'une part un bocal qui se vide, et d'autre part un bocal qui se remplit (après avoir vu une démonstration, où le premier bocal se vide dans le deuxième), en tenant simultanément compte des ordres croissant et décroissant[240]. De même, l'enfant devient capable de comprendre qu'on peut dissocier la durée de l'espace, de la vitesse ou du travail accompli, et qu'on peut établir des relations entre ces variables qui permettent la constitution d'un système compensatoire et composable (tel que, par exemple, «petite vitesse + longue durée» correspond qualitativement à «grande vitesse et durée brève» par rapport à l'espace parcouru, etc.). Et l'enfant devient également conscient que le déroulement du temps est strictement indépendant de l'activité propre déployée pendant une certaine durée, ce qui indique que l'enfant dissocie la durée «psychologique» du temps «physique».

« ... le sujet est capable de construire un ordre de succession temporelle entre événements (ou entre des états caractérisés par des événements respectivement simultanés), d'emboîter les durées les unes dans les autres en fonction de cet ordre, de concevoir des simultanéités à titre de succession ou de durées nulles, et d'égaliser des durées synchrones en fonction de la simultanéité des événements entre lesquels elles se déroulent[241]. »

La difficulté particulière que pose l'établissement d'une métrique du temps repose sur le fait que l'enfant ne dispose pas d'invariants temporels et qu'il est, par conséquent, incapable de se construire une unité arbitraire sans se référer à autre chose. Il se servira donc de la vitesse (considérée comme uniforme) comme invariant, et dans le cas de mesures de temps non synchrones l'unité de temps devient alors l'espace parcouru à une certaine vitesse. C'est ainsi que

« la mesure du temps s'explique aisément en correspondance exacte avec ce que nous avons vu précédemment de la constitution du nombre : l'itération de l'unité de durée résulte de la fusion opératoire du groupement de l'emboîtement des durées (analogue à celui de l'emboîtement des classes) avec celui de la sériation des successions (analogue à celle des relations asymétriques)[242]. »

Contrairement au temps qualitatif, où

« les durées sont emboîtées d'une manière rigide les unes dans les autres et (où) l'ordre des successions (est) donné sans permutation possible, l'esprit seul conservant assez de mobilité pour dérouler cet ordre dans les deux sens ou pour réunir les durées indépendamment des successions... dans le cas du temps numérique, au contraire, l'égalisation des durées successives permet de faire circuler librement dans le temps une durée étalon dont l'identité est devenue indépendante de l'ordre des successions réelles[243]. »

Le sujet n'élabore donc pas seulement une métrique du temps, mais du même coup in subordonne les phénomènes temporels à sa pensée opératoire réversible.

3. La notion de mouvement et de vitesse[244]

« La notion de mouvement est de celles dont les racines plongent le plus profondément dans l'activité du sujet, puisque, dès le niveau sensori-moteur ce sont les mouvements propres et les mouvements imprimés aux choses qui engendrent simultanément la notion physique et le groupe pratique des déplacements géométriques... Sous son aspect le plus général (celui qui est lié aux coordinations communes à toutes les actions) le mouvement est un déplacement, c'est-à-dire un changement de position ou de « placement »... D'autre part, il est des actions dans lesquelles le mouvement n'est pas un simple déplacement, mais un acte plus complet, supposant l'effort (donc la vitesse sous la forme d'une accélération) et la durée, en plus du changement de position et la trajectoire suivie[245]... »

Pour ce qui est des opérations constitutives des notions de mouvement et de vitesse, Piaget distingue six catégories successives[246] sur le plan génétique et construites par le sujet entre les dernières phases du niveau préopératoire et la deuxième période des opérations concrètes (les solutions générales et quantifiées des problèmes nécessitant, comme pour l'espace et le temps, le début des opérations formelles). Les deux premières catégories concernent les placements d'objets (où le sujet se déplace pour les coordonner) et les déplacements (où ce sont les objets eux-mêmes qui changent de position). Les troisième et quatrième catégories portent sur les coordinations des placements et des déplacements (opérations de codéplacements) qui engendrent simultanément les notions de succession temporelles, de durée et de vitesse absolue (par rapport à un cadre de référence approprié) et sur les déplacements et codéplacements relatifs (qui permettent de composer des mouvements et leurs vitesses relatifs). Au cinquième niveau on assiste à la construction des opérations extensives qui rendent possible l'établissement de proportions entre les temps employés et les espaces parcourus, ce qui rend alors possible le passage immédiat aux opérations métriques, où il y a mesure de ces espaces et de ces durées, donc des chemins parcourus et des vitesses (sixième niveau).

Les recherches effectuées concernent tout d'abord, au niveau du mouvement proprement dit, les conséquences de rotations ou de translations d'objets dans l'espace et la représentation qu'en a l'enfant (invariance de l'ordre des éléments dans la translation, permutation relative de l'ordre dans le cas des rotations, etc.). Elles s'apparentent donc à bien des égards aux recherches sur la représentation de l'espace et ce d'autant plus que le jeune enfant ne se centre, généralement, que sur les états successifs (point de départ et point d'arrivée) et non sur les mouvements eux-mêmes. L'enfant est donc également encore incapable de coordonner les mouvements synchrones de mobiles parcourant des chemins différents ou de composer des déplacements successifs d'un mobile (l'enfant ne comprend pas, p. ex., qu'un mobile qui fait l'aller et le retour sur une trajectoire simple, mais avec des petits allers-retours intermédiaires à l'intérieur de la trajectoire, fait, en dernier lieu, exactement la même distance dans un sens que dans l'autre, etc.).

«Du point de vue des opérations intellectuelles à leur niveau d'achèvement, la vitesse apparaît comme un rapport entre l'espace parcouru et la durée, soit $v = e : t$, ce qui donnerait à penser que l'espace et la durée sont des composants élémentaires et la vitesse un produit composé[247]... Mais déjà sur le terrain des notions on s'aperçoit du fait que la vitesse résultante ($v = e : t$) est de formation tardive (vers 8-9 ans) et qu'elle est précédée par un concept ordinal de vitesse fondé sur l'intuition du dépassement : un mobile situé derrière un autre en un moment antérieur puis devant cet autre en un moment ultérieur est jugé plus rapide en fonction de simples relations d'ordre spatial (derrière et devant) et temporel (avant et après) mais sans recours ni à l'espace parcouru ni à la durée[248].»

Les expériences qui ont permis de mettre en évidence cette «intuition du dépassement» portent d'une manière générale sur des situations ou des mobiles se déplacent soit synchroniquement, mais sur des espaces de longueurs différentes (rectilignes ou circulaires et concentriques), soit partiellement synchroniquement (moment d'arrivée commun, et distances équivalentes), etc., et où l'on demande à l'enfant d'évaluer les vitesses respectives des mobiles[249]. Des expériences complémentaires cernent le problème des compositions de mouvements ou de vitesses, la constance des rapports entre vitesses uniformes, les idées relatives au mouvement accéléré, etc.[250].

Nous venons de voir successivement la construction des notions et des opérations, portant sur l'espace, le temps, le mouvement et la vitesse. Considérant qu'il s'agit en dernière analyse de différentes perspectives donnant une vue du même univers ou du même réel, le parallélisme (apparent, puisqu'il y a interaction) des constructions n'est pas autrement étonnant, de même que la parenté entre ces développements et l'établissement des opérations logico-mathématiques et surtout du nombre (comme pendant les opérations métriques, dans la mesure où les unes et l'autre apparaissent comme synthèse des opérations d'emboîtement ou d'inclusion ou de hiérarchisation et des opérations de sériation ou d'ordination) apparaît comme assez plausible, si l'on considère que toutes ces opérations procèdent essentiellement des activités du sujet et de leur coordination.

Mais une dernière question reste à résoudre. Pourquoi existe-t-il, à côté de la géométrie «physique» de type proprement infralogique puisqu'elle découle de l'objet et qu'elle porte sur l'objet, une géométrie «mathématique» formelle et formaliste à souhait, tandis que le temps ne s'installe pas en tant que système formel? Piaget formule la réponse comme suit : la notion du temps apparaît comme

> «une coordination des vitesses, par opposition à la coordination spatiale des seuls déplacements (et cela est vrai du temps psychologique, relatif aux vitesses et aux puissances de l'activité propre, aussi bien que le temps physique). On comprend ainsi pourquoi les formes spatiales peuvent être dissociées de leurs contenus jusqu'à permettre l'élaboration de géométries «pures», tandis que les vitesses restant dépendantes de leur contexte physique, le temps n'est jamais dissociable de leur contenu et demeure par conséquent une notion proprement cinématique et physique et n'appartient pas au domaine des mathématiques pures[251].»

*
* *

4. Les explications causales, induction, déduction et hasard

Les trois premiers paragraphes de ce chapitre ont porté sur les expériences piagétiennes relatives au développement des notions et opérations relatives, en quelque sorte, à la structure de l'univers sur lequel agit l'enfant. Ce dernier paragraphe portera, au contraire, sur l'idée que se fait l'enfant du fonctionnement de cet univers physique et sur les stratégies construites par l'enfant pour analyser ce fonctionnement[252].

Nous avons déjà vu que l'enfant et l'adolescent à partir de 11-12 ans deviennent capables de se servir des systèmes hypothético-déductifs qui leur permettent de se détacher des contraintes imposées par la pensée concrète, liée à l'objet, pour s'avancer dans les domaines du possible et du virtuel[253]. En face de situations complexes, ces sujets deviennent capables d'établir des lois qui les régissent en se servant de méthodes proprement scientifiques et expérimentales (élaboration d'hypothèses, définition des variables, isolement des variables pertinentes et quantifications progressives de leur action, élaboration des systèmes de relations en jeu puis énoncé des lois générales). Ces procédures se fondent sur la construction de logiques propositionnelles, de la combinatoire, des permutations, et d'un système articulé d'opérations et de transformations. Simultanément les sujets commencent à comprendre les phénomènes aléatoires, en tant que systèmes «inverses» des structures déterministes qui viennent d'être invoquées.

«... l'intérêt des réactions de l'enfant à l'aléatoire est qu'il ne saisit pas la notion de hasard ou de mélange irréversible aussi longtemps qu'il n'est pas en possession d'opérations réversibles pour lui servir de références, tandis qu'une fois celles-ci construites, il comprend l'irréversible en tant que résistance à la déductibilité opératoire[254].»

Ce n'est que vers 8-9 ans qu'il y a chez l'enfant les premiers efforts de quantification de probabilités et apparition de l'idée que le mélange est irréversible et est admise

«en tant qu'état positif résistant à la déductibilité de détail[255].»

Mais

«notons encore, que si le hasard n'est d'abord conçu qu'à titre négatif, à titre d'obstacle à la déductibilité, l'enfant en vient ensuite à assimiler l'aléatoire à l'opération en comprenant que, si les cas individuels demeurent imprévisibles, les ensembles donnent lieu à une prévisibilité[256]...»

L'achèvement de cette construction suppose cependant l'utilisation des combinaisons et des permutations, ce qui fait qu'il ne se produit qu'à partir de l'apparition des opérations formelles.

Mais l'enfant ne se borne pas, dans ces constructions progressives, à simplement enregistrer la structure de l'univers et à développer les moyens logico-mathématiques et infralogiques pour l'articuler. Il cherche tout autant à comprendre les phénomènes qui se produisent autour de lui, à les expliquer. Et l'explication causale dépasse, à bien des égards, la constatation et l'énoncé de lois, même générales, car elle ne se satisfait pas de la régularité et tend à dépasser la situation immédiate pour atteindre une nécessité et pour s'intégrer dans un système plus large, sorte de « représentation de l'univers ».

Au niveau du développement sensori-moteur, déjà, on constate que l'enfant commence, peu à peu, à dissocier les buts visés des moyens pour y parvenir. L'enfant commence donc à dissocier les causes et leurs effets. Au troisième sous-stade sensori-moteur on assiste, en effet, à l'apparition d'une sorte de causalité « magico-phénoméniste », les « procédés destinés à faire durer les spectacles intéressants »[257]. Non seulement l'enfant répète-t-il des gestes qui ont donné lieu à un résultat « intéressant », mais encore généralise-t-il le même geste à d'autres situations pour provoquer à nouveau des spectacles intéressants, sans pourtant se « soucier » des relations effectives qu'il pourrait y avoir entre son geste et les conséquences espérées. Ce n'est qu'au cours des sous-stades suivants que l'enfant commencera à être capable de comprendre les relations causales entre les actions et leurs effets et de ce fait parviendra à une intentionnalité réelle dans ses actions directes. Au niveau de la pensée préopératoire, l'enfant est donc parfaitement capable de coordonner les causes pour obtenir les effets désirés au niveau de l'action directe et au niveau de la représentation de l'action. Mais d'une manière générale, les phénomènes sont toujours assimilés à l'action propre (ou du moins au contexte de la situation personnelle), ce qui fait — les entretiens devenant possibles pendant cette période — que les explications enfantines de phénomènes physiques et du fonctionnement de l'univers ne se réfèrent pas à la causalité physique, mais à de multiples formes d'animisme, d'artificialisme, etc., essentiellement égocentriques et sociocentriques (ou anthropocentriques)[258]. Les enquêtes qui ont donné lieu à ces premières constatations concernent, d'une part, la « représentation du monde », c'est-à-dire les théories enfantines sur l'univers, ou les élaborations enfantines à la suite de questions concernant l'univers (l'origine des rêves, des noms, de la pensée, du soleil et de la lune, des montagnes, de la terre, des phénomènes météorologiques, des arbres, la notion du vivant, etc.)[259]. Dans le même groupe de recherches s'inscrivent, d'autre part, les enquêtes concernant plus proprement des phénomènes physiques (explication du mouvement, de la flottaison, du déplacement de l'eau par solides immergés, des fonctionnements de divers systèmes tels que la bicyclette, la machine à vapeur, les trains, voitures et avions), etc.[260].

Notons que ces recherches assez anciennes (elles furent publiées en 1926 et 1927) ont été reprises et enrichies par la suite à deux moments au moins. Les recherches de Bärbel Inhelder sur le raisonnement formel de l'adolescent[261], par exemple, approfondissent à bien des égards ces premiers sondages, puisque la recherche ne porte pas seulement sur des théories plus ou moins verbales, mais qu'on donne au sujet le moyen matériel pour valider ses hypothèses et pour les vérifier. Pourtant la perspective dominante ne concernait pas tellement les explications, mais bien plus le développement du raisonnement hypothético-déductif; il n'est donc pas étonnant que des recherches semblables (mais de nouveau avec un matériel concret et manipulable par l'enfant) aient été reprises récemment[262].

> « Expliquer en effet par un exemple de conditions considérées comme causales revient à montrer, d'une part, par quelles transformations il a été produit, et d'autre part, comment la nouveauté du résultat correspond à certaines transmissions à partir des états initiaux[263]... »

L'explication d'un phénomène consiste donc, selon Piaget, à transposer le système d'opérations, où le sujet agit sur les objets, au niveau des interactions entre objets eux-mêmes. Les « transformations » (ou causes) correspondent bien aux opérations du sujet (mais elles ont lieu entre objets, ou agissent sur un objet) et Piaget parle, à cet égard, de « production » d'un effet. Mais par ailleurs il faut retracer l'origine d'un effet en recherchant les invariants, donc en recherchant dans l'objet ou la situation les conservations qui caractérisent également les opérations. D'une part donc, le sujet se sert des opérations de la pensée pour articuler le réel, et d'autre part, il les transpose *sur* le réel pour l'expliquer :

> « pour découvrir les faits et les lois, le sujet a besoin d'opérations en tant qu'instruments de lecture et de structuration, nous parlerons alors d'opérations « appliquées à l'objet »... Par contre, dans la construction d'un modèle causal, à partir des formes qualitatives de transmission comprises par l'enfant jusqu'aux structures de groupe et d'opérateurs utilisés par le physicien, les opérations de jeu ne deviennent explicatives que lorsqu'elles peuvent être « attribuées » aux objets puisqu'il s'agit de comprendre comment agissent ceux-ci[264]. »

Sur la base des recherches effectuées, Piaget montre que l'on retrouve dans les différents niveaux de l'explication causale — qui s'échelonnent d'ailleurs comme les niveaux du développement opératoire : niveau préopératoire : précausalité, causalité psychomorphique; opérations concrètes : séquences causales simples, sans interactions multiples ou simultanées[265]; opérations formelles : construction de modèles causaux cohérents — une différenciation progressive des opérations[266] et de la causalité. C'est par cette différenciation que l'interaction entre opérations appliquées et opérations attribuées peut devenir enrichissante (pour les unes et pour les autres), au lieu de se résumer comme au niveau préopératoire à une pseudosolidarité (ou une confusion) entre l'action particulière de l'objet et les coordinations et généralisations des actions du sujet qui aboutit, en fin de compte, à une déformation du réel. Ce n'est qu'au dernier stade que

> « les opérations se dissocient suffisamment de leur contenu pour pouvoir fonctionner formellement, et qu'alors les « attributions » aux objets des opérations ainsi épurées font faire à la causalité des progrès décisifs en tous les domaines étudiés. C'est donc à ce stade seulement que la pensée du sujet commence à ressembler fonctionnellement à la pensée scientifique...[267] »

Troisième partie : *pédagogie*

La carrière pédagogique de Jean Piaget ne se reflète pas seulement dans la quarantaine de publications dans ce domaine[268], mais surtout dans une activité intense au sein de plusieurs organisations internationales : directeur du Bureau international de l'éducation, président de la Commission suisse de l'UNESCO, puis sous-directeur général et membre du conseil exécutif du même organisme[269], etc.

L'essentiel des opinions, des idées et des points de vue relatifs à la pédagogie se trouve résumé dans trois articles parus dans l'Encyclopédie française[270] (1939 et 1965). En dépit de leur destination, ces essais ne sont nullement des compilations plus ou moins éclectiques, ils représentent, au contraire, des synthèses originales et rafraîchissantes, où Piaget tente de mettre à la disposition de la pédagogie son savoir de psychologue et d'épistémologue (sans oublier les informations dont il dispose en tant que fonctionnaire international). Inversement, il convient, cependant, de tenir compte du fait que Piaget n'est pas « pédagogue » ou « chercheur en pédagogie » : les perspectives développées reposent bien sur une solide connaissance de la formation historique et ontogénétique de la connaissance, etc., elles restent néanmoins au niveau de l'extrapolation théorique des faits connus au domaine de la pédagogie, ne pouvant pas encore s'appuyer sur des recherches empiriques approfondies dans ce champ précis.

Si nous schématisons les tendances actuelles pédagogiques en disant que la pédagogie se préoccupe soit de la transmission du savoir et des techniques culturelles acquis, soit d'« apprendre à apprendre », c'est-à-dire de faire connaître des algorithmes généraux pour la résolution de problèmes et pour l'acquisition de nouvelles connaissances, nous réalisons que la «pédagogie piagétienne» repose sur ces deux tendances, tout en les dépassant. La transmission de connaissance accentue essentiellement le pôle accommodatoire du comportement, tandis que la connaissance d'algorithmes généraux (qui correspondent en dernière analyse aux schèmes piagétiens) conduit facilement à une hypertrophie des mécanismes d'assimilation. En premier lieu, il faut donc viser à un certain équilibre entre ces deux mécanismes. Mais, en plus, il convient de ne pas négliger l'activité autonome de l'enfant. La pédagogie classique tend en effet à définir le lien pédagogique entre le maître et les élèves comme un canal à sens unique qui va du maître — sage, cultivé et bienveillant — aux élèves qui boivent ses paroles (ou qui s'instruisent à l'aide de gadgets audiovisuels dont il se sert dans ses démonstrations). La voie inverse, des élèves au maître, sert à la limite de contrôle ou de *feed-back* au maître, pour voir s'il a su transmettre sa sagesse. Or nous avons vu l'importance de l'activité du sujet dans le développement cognitif de l'enfant et il va de soi que si nous transposons cette connaissance au niveau des situations pédagogiques et d'enseignement, une large part sera faite à l'activité de l'élève dans une «pédagogie piagétienne». C'est certainement en connaissance de cause — grâce aux nombreuses recherches sur la genèse de la connaissance opératoire chez l'enfant — que Piaget défend résolument une pédagogie active.

Si la psychologie génétique contribue ainsi à consolider les fondements d'un certain style pédagogique, l'épistémologie génétique (en tant que théorie de l'accroissement de la connaissance) permettrait de fonder une science des programmes scolaires. Elle permet, en effet, de connaître comment l'enfant construit ses connaissances et de savoir quelles sont les situations d'apprentissage (c'est-à-dire les situations dans lesquelles l'enfant peut agir ou opérer, et à partir desquelles il augmente ses connaissances par abstractions simples ou réfléchissantes) les meilleures à un moment donné du développement de l'enfant. A la limite, l'épistémologie génétique pourrait devenir la base normative des programmes et des curricula scolaires. Ces extrapolations et surtout les recherches permettant de les vérifier restant cependant encore à faire[271] !

*
* *

Quatrième partie : *sociologie, biologie*

1. *Sociologie*

Les textes sociologiques[272] de Piaget portent d'une part sur les problèmes épistémologiques de la sociologie (l'explication en sociologie, les problèmes de valeur, relation entre la sociologie et d'autres sciences de l'homme[273], etc.), d'autre part sur les relations entre la genèse individuelle des fonctions cognitives et la socialisation de l'enfant[274].

Aux deux niveaux, théorique et expérimental, les études dans la perspective sociologique sont nécessaires à la constitution d'une épistémologie génétique. Elles permettent de comprendre les conditions sociales et les mouvements sociaux nécessaires à un accroissement ou à un développement de la connaissance, aussi bien sur le plan de l'histoire des sciences que sur celui de la genèse individuelle de la connaissance.

Pour Piaget, la socialisation de l'enfant est caractérisée par le passage de l'«adualisme initial» à la pensée égocentrique, puis aux diverses formes de coopération et de collaboration :

> «la vie sociale transforme l'intelligence par le triple intermédiaire du langage (signes), du contenu des échanges (valeurs intellectuelles) et de règles imposées à la pensée (normes collectives logiques ou prélogiques)[275].»

L'enfant se détache donc peu à peu de son égocentrisme intellectuel qui se manifeste aussi bien dans les «monologues collectifs» que dans son incapacité de comprendre le point de vue d'un partenaire de discussion pour arriver à la coopération qui correspond

> «à la discussion menée objectivement (d'où cette discussion intériorisée qu'est la délibération ou la réflexion), la collaboration dans le travail, l'échange des idées, le contrôle mutuel (source du besoin de vérification et de démonstration), etc.[276]»

Dans l'interaction sociale l'enfant est, par ailleurs,

> «conduit à un échange toujours plus intense de valeurs intellectuelles et sera astreint à un nombre toujours plus grand de vérités obligatoires (idées toutes faites ou normes proprement dites de raisonnement)[277].»

Parallèlement à la socialisation de l'enfant se développent les diverses formes de jugement moral et de sentiment de justice[278] qui aboutissent après une phase d'hétéronomie (pouvoir quasi absolu de certaines personnes ou de certaines consignes) puis de «réalisme moral» (où les prescriptions et les consignes acquièrent une existence en elles-mêmes, indépendantes du contexte), à une certaine «autonomie» :

> «Les grands voient... dans la règle un produit d'accord entre contemporains, et admettent qu'on puisse la modifier pourvu qu'il y ait consensus, démocratiquement réglé[279].»

2. Biologie

Nous avons déjà rappelé que les premières publications de Piaget se situent dans le domaine de la zoologie[280]. Elles concernent essentiellement l'étude systématique des mollusques dans divers milieux, et ce n'est que plus tard que Piaget s'est attaqué au problème central des relations entre la structure héréditaire et les influences du milieu[281].

> « Ce dernier problème m'a toujours paru être central non seulement pour la détermination génétique des formes organiques (morphogenèse), mais aussi pour la théorie psychologique de l'apprentissage (maturation contre apprentissage) et l'épistémologie[282]. »

L'expérience porte sur le problème suivant : la limnée des étangs, dont la coquille est habituellement allongée, s'adapte aux conditions de vie dans les eaux plus mouvementées (fonds peu inclinés, cailouteux et exposés aux vents) en développant une coquille très contractée et même trapue à la suite

> « de l'action des vagues qui obligent constamment l'animal à s'accrocher aux roches et provoquent ainsi un élargissement de l'ouverture de la coquille et une contraction de sa spire[283] »

au cours du développement de l'animal.

> « Nous avons prouvé la chose en changeant de milieu au cours de leur croissance des phénotypes contractés de race peu contractée (d'où changement de forme en aquarium pour des exemplaires lacustres) ou en élevant en agitateur des formes de marais (d'où une légère contraction)[284]. »

Mais inversement Piaget a constaté que les formes les plus contractées sont héréditaires, c'est-à-dire que la forme de la coquille ne change pas, qu'elle se conserve en aquarium ou dans une mare pendant plusieurs générations ! Ces résultats ont conduit Piaget à supposer qu'il existe, entre le néodarwinisme et le lamarckisme, entre le mutationnisme intégral et l'hypothèse d'une hérédité continue de l'acquis un tertium[285], qui modifierait les proportions du génome (en plus des processus de sélection par élimination et survie) par des processus de « rééquilibration en fonction des *feed-backs* intervenant durant la croissance de l'individu »[286].

Des préoccupations semblables ont récemment conduit Piaget à s'intéresser à des organismes hautement organisés mais dénués de systèmes nerveux, tels que les végétaux[287]. Il s'agissait d'étudier comment une plante prépare (« anticipation morphogénétique ») des modifications de sa structure (« réactions phénotypiques »), mais sans que celles-ci soient

> « trop bien programmé(e)s génétiquement pour donner lieu à une analyse facile de l'utilisation des informations antérieures[288]. »

comme c'est par exemple le cas pour les fleurs ou les organes essentiels de la plante. Pour commencer, Piaget distingue deux classes de réaction. La première est caractérisée par le fait que la réaction est provoquée par des stimuli externes (lumière, etc.) qui déclenchent un montage héréditaire qui se déroule toujours de la même façon.

> « La classe II de réactions comporte au contraire des processus variables en fonction des échanges avec les données extérieures et est caractérisée par les processus de transferts et de généralisations (généralisation de la réponse, du stimulus ou des deux). Les exemples des animaux sont le conditionnement et la formation d'habitudes. Chez le végétal, on a peu étudié les processus de transferts (...) parce qu'ils ne redeviennent sans doute acceptables que dans une perspective épigénétique et n'ont point de sens du point de vue d'une pure préformation génotypique[289]. »

L'étude

> « de la chute des rameaux secondaires stériles chez les sedum, genre de plantes grasses (...) dont les rameaux tombent très fréquemment sans périr pour autant (...) et donnent naissance à de nouvelles plantes après la production des racines adventives...[290] »

permet de montrer que la chute des rameaux chez certaines espèces semble être préparée par des dispositifs morphogénétiques (rainures circulaires ou rétrécissements facilitant l'abscission, parfois croissance des racines adventives avant la chute). Au niveau des séparations qui se produisent dans le secteur souterrain et des rejets rampants sur le sol,

> « le processus n'a rien d'anticipateur, mais constitue un enchaînement causal simple[291]. »

Le rameau s'enracine peu à peu par des racines adventives développées et devient progressivement indépendant, nourri par ses propres racines. Après le développement des dispositifs morphogénétiques facilitant l'abscission, il se sépare complètement.

> « Mais on constate en outre que chacun de ces chaînons a réagi sur le précédent et le renforce, ce qui transforme alors l'enchaînement linéaire en un système à boucles, donc en une sorte de schème dont les caractères deviennent interdépendants au cours du processus de croissance. Il suffit alors, pour rendre compte du caractère anticipateur que prend le processus au niveau des rameaux strictement aériens, d'admettre un transfert du schème, des régions hypogées aux niveaux épigés[292]... »

Ces observations montrent qu'il existe, au niveau des plantes déjà, des

> « processus réactionnels qui, en fonction d'un schème, deviennent anticipateurs par transfert de ce schème d'un niveau à l'autre de l'organisation anatomo-physiologique[293]; »

ce qui permet à Piaget de conclure en montrant que les processus d'anticipation qui interviennent aux niveaux animal et humain dans le conditionnement et dans la formation des habitudes, se retrouvent déjà au niveau des adaptations phénotypiques végétales.

Cette préoccupation constante de l'étude des mécanismes d'adaptation au sens le plus large et allant des plus simples rythmes et régulations aux niveaux végétal et animal jusqu'au développement des fonctions cognitives les plus complexes a conduit Piaget à publier un ouvrage interprétatif[294] dont le sous-titre est sans doute révélateur : « Essai sur les relations entre les régulations organiques et les processus cognitifs. » Les multiples analogies de fonctionnement entre les divers niveaux phylogénétiques considérés permettent de supposer que la connaissance apparaît comme un produit particulier et hautement différencié des interactions multiples entre l'organisme et son environnement (physique et social) et des régulations qu'elles provoquent et entraînent.

> « Au total nous croyons avoir vérifié les... hypothèses... que les fonctions cognitives prolongent les régulations organiques et qu'elles constituent un organe différencié de régulation des échanges avec l'extérieur. L'organe en question n'est qu'en partie différencié au niveau des connaissances innées, mais il l'est de plus en plus avec les structures logico-mathématiques et avec les échanges sociaux aussi bien qu'inhérents à toute expérience[295]. »

*
* *

C. POUR RÉSUMER ET CONCLURE

Au terme de ce long chapitre que nous avons intitulé « survols piagétiens... », le lecteur aura sans doute pris conscience de l'impressionnante richesse et de la diversité de l'œuvre de Jean Piaget. Mais, s'il n'a pas oublié les intentions initiales de Piaget[292], il aura pu réaliser en cours de route à quel point ces diverses recherches se complètent et s'interpénètrent. L'épistémologie génétique ne saurait exister sans l'appui des recherches en biologie et en psychologie génétique, de même que cette dernière est continuellement enrichie — en tant qu'étude du développement de la connaissance — par les problèmes classiques de l'histoire des sciences, etc.

Plutôt que d'analyser longuement ces interactions multiples, nous tenterons ici de les présenter sous forme schématique et simplifiée, afin de mettre en évidence autant que possible l'unicité de l'œuvre piagétienne (*cf.* tab. 5, p. 102).

La flèche (1, 2) qui relie la psychologie génétique et l'épistémologie génétique indique d'une part la dépendance de l'épistémologie génétique des recherches sur le développement individuel des fonctions cognitives

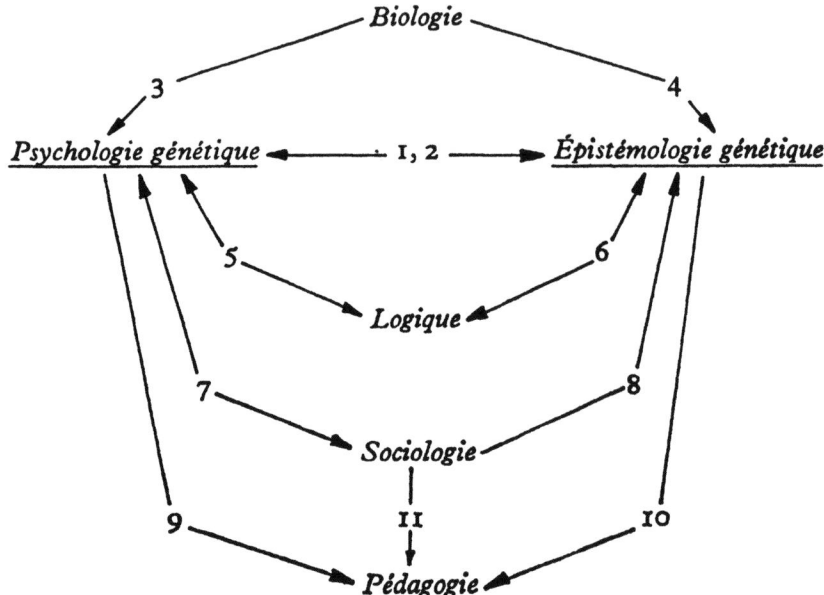

Tableau 5. — Représentation schématique des volets de l'œuvre piagétienne et de leurs interactions.

ou de la connaissance. La psychologie génétique apparaît ainsi comme une sorte de science auxiliaire de l'épistémologie, au même titre que l'étude historico-critique des sciences ou de l'histoire des techniques (omises dans ce tableau). Mais, d'autre part, l'épistémologie fournit à la psychologie génétique tout un ensemble de problèmes historiques (ex. le développement des géométries de l'Antiquité à nos jours) qui doivent être repris sur le plan de l'ontogenèse (ex. le développement de la représentation de l'espace et de la mesure chez l'enfant).

Par ailleurs, la biologie [flèches (3) et (4)] fournit à la psychologie génétique un certain nombre d'éléments concernant les mécanismes du développement (maturation contre apprentissage, rôle de l'activité du sujet, rythmes et régulations, etc.), tandis qu'au niveau d'une épistémologie génétique — ce terme incluant aussi bien les développements onto- ou épigénétiques qu'historiques et phylogénétiques — elle permet de comprendre la continuité qui existe entre les plus modestes adaptations rythmiques ou régulatives du niveau animal et même végétal, la croissance de la connaissance opératoire chez l'enfant et la genèse de la pensée scientifique empirique et abstraite.

Symétriquement (ou presque) la sociologie [flèches (7) et (8)] permet de voir les conditions nécessaires du point de vue de l'interaction humaine, aussi bien au niveau de l'évolution de la connaissance individuelle (psychologie) que collective (développement de la connaissance scientifique : épistémologie). Inversement la psychologie génétique éclaire la socialisation de l'enfant et c'est cette décentration intellectuelle qui permet de dépasser l'égocentrisme de la pensée enfantine.

La logique (et les modèles abstraits en général) procure un langage précis pour la formation des conduites [flèche (5)] qui s'articulent en systèmes (ou structures) d'ensemble caractéristiques des différents stades du développement intellectuel de l'enfant. Une fois établis, ces modèles deviennent explicatifs (dans la mesure où leur filiation devient transparente) et ils permettent, surtout, de comprendre le développement de nouvelles conduites de l'enfant[293]. A la limite ces modèles permettraient également (par application hypothético-déductive) de prédire les conduites de l'enfant dans de nouvelles situations expérimentales.

Les relations entre l'épistémologie génétique et la logique formelle [flèche (6)] sont moins évidentes. Il est vrai que certaines épistémologies se servent des méthodes de formalisation logique pour étudier les fondements de la science et qu'elle devient ainsi un instrument à caractère normatif du savoir scientifique. Dans la perspective génétique, par contre, la logique (comme moyen pour décrire et pour expliquer les activités de la pensée) n'est pas normative, elle décrit simplement par quelles activités le sujet est parvenu à construire sa connaissance et pourquoi il s'en sert.

La pédagogie finalement [flèches (9), (10) et (11)] apparaît comme un produit des convergences entre les recherches dans les domaines de la psychologie et de l'épistémologie génétique et de la sociologie. La psychologie génétique éclaire, en effet, les conditions du développement mental de l'enfant et les divers facteurs qui l'influencent (assimilation-accommodation, activités autonomes de l'enfant dépassant la simple réception du savoir, etc.). L'épistémologie génétique pourrait contribuer à une fondation scientifique de l'organisation des situations d'apprentissage nécessaires au développement cognitif de l'enfant, et les études sur la socialisation de l'enfant permettent de rechercher des styles pédagogiques appropriés aux différents niveaux du développement de la coopération et de la collaboration.

NOTES

[1] *Cf.* Autobiographie (1966). Plus récemment Piaget a formulé ce problème de la manière suivante : «... les problèmes de la connaissance humaine en ses formes supérieures (mathématiques, etc.), ne sauraient demeurer étrangers aux biologistes, en ce sens que la biologie se doit d'en fournir une interprétation sur le terrain proprement organique, et phylogénétique autant qu'ontogénétique, qui est le sien.» (*Biologie et connaissance*, 1967).

[2] Pour les références bibliographiques concernant les autobiographies, se référer à la bibliographie, p. 171.

[3] Les chiffres entre doubles parenthèses au début de chaque paragraphe renvoient aux éléments successifs des commentaires à ce tableau.

[4] Les lettres majuscules entre deux parenthèses renvoient aux ouvrages dont les comptes rendus apparaissent au chapitre 6; pour les ouvrages et les articles importants dont nous n'avons pas explicitement tenu compte dans ce livre, on trouvera le titre complet ou abrégé entre parenthèses. La majorité des travaux «évoqués» ne sont pas identifiés du tout, le lecteur devra se référer aux bibliographies des travaux de Piaget (*cf.* Bibliographie). Les textes d'importance secondaire (préfaces, etc.) n'ont pas été inclus dans cette table.

[5] Les commentaires aux éléments chronologiques des travaux de Piaget présentés dans ce chapitre se réfèrent plus explicitement au tableau I, le lecteur verra pourtant sans difficultés comment les recouper avec les informations présentées ici.

[6] *Cf.* p. 171.

[7] Les lettres majuscules entre parenthèses renvoient aux ouvrages discutés dans les comptes rendus du chapitre 6. On trouvera la liste des abréviations comme appendice de la table des matières, p. 5.

[8] Au niveau de la pensée figurée on pourrait dire que l'expérimentateur s'approche de la pensée de l'enfant par des approximations successives (et asymptotiques en cas de malchance) ou par des fourchettes successives, comme dans tout processus de régulation.

[9] *Cf.* introduction.

[10] *Cf.* avant-propos à la 3e édition, 1947.

[11] *Cf.* TJP, «La méthode clinique et la recherche en psychologie de l'enfant», par Vinh-Bang, p. 67-81.

[12] *Cf.* chapitre 3 de (PE).

[13] Soulignons que le premier auteur de cet ouvrage est B. Inhelder qui en a réalisé la partie majeure. Il semblerait que Piaget y ait essentiellement contribué pour les tentatives de formalisation appondues à chaque récit d'expérience.

[14] Le terme piagétien consacré serait «sériations».

[15] Le lecteur connaît sans doute l'expérience-clé qui a permis d'établir ce que nous savons à ce propos : on présente à l'enfant deux boules de pâte à modeler égales, puis on déforme l'une d'elles en saucisse (ou encore en galette, petits morceaux disjoints, etc.) et on demande à l'enfant s'il reste autant de pâte à modeler qu'avant (conservation de la substance), si les deux objets pèsent toujours autant (conservation de poids) ou si elles déplacent encore autant d'eau lorsqu'on les immerge (conservation du volume); *cf.* (DQ); des expériences semblables peuvent s'effectuer avec des matériels différents, *cf.* par exemple (GN), chapitre 1.

[16] *Cf.* également (LO).

[17] Sous presse (Dunod, Paris), titre : *Essai de logique opératoire*.

[18] (EEG XI), ch. II, p. 69-96; ainsi que (LCS) p. 280-288.

[19] Witz K.G., On the structure of Piaget's grouping I. *Archives de Psychologie*, 1966-1969, XL, 159, p. 37-49. (*Cf.* également dans ce même fascicule la note de Grize, p. 51-54.)

[20] Les recherches individuelles qui ont contribué à la rédaction de (MP) ont été publiées de 1942 à 1964 dans les *Archives de Psychologie*. Il s'agit d'une cinquantaine de travaux

environ. Les lecteurs lisant l'anglais auront avantage de se servir de la traduction anglaise, plus soigneusement éditée que l'original (*The Mechanisms of Perception*, Londres, 1969, Routledge & Kegan Paul).
[21] *Cf.* p. 69 et p. 151.
[22] Piaget J., «Les deux directions de la pensée scientifique», leçon d'ouverture donnée le 26 avril 1929 en la chaire d'histoire de la pensée scientifique de la faculté des sciences de l'université de Genève. Archives des sciences phys. et nat. (Genève), 5e pér., vol. II, mai-juin 1929, p. 145-162.
[23] Les «Études d'Épistémologie génétique» sont publiées sous la direction de Piaget par les Presses Universitaires de France (Bibliothèque scientifique internationale) depuis 1956. *Cf.* comptes rendus, chapitre 6, p. 140.
[24] *Cf.* p. 28 ss.
[25] (GSL), p. 10 *n*.
[26] Pour une classification des fonctions sémiotiques, *cf.* (PE), chapitre III, p. 43-44 (imitation différée, jeu symbolique, dessin, image mentale, évocation verbale); une deuxième classification, légèrement différente est donnée par la structure de ce chapitre lui-même : imitation, jeu symbolique, dessin, images mentales, mémoire et souvenirs-images, langage, *cf.* (PE), chapitre 3, p. 41-72.
[27] *Cf.* (MI), chapitre : Conclusion générale, § 2, Les transformations du souvenir durant la rétention et les inférences mnésiques et le problème de la conservation et de la reconstruction, p. 448 ss.
[28] Le point de vue de Piaget apparaît sans doute encore plus clairement en ce qui concerne cette dernière, si l'on se rend compte que (LC) est un ouvrage collectif et interdisciplinaire.
[29] (SIP), p. 5.
[30] Terme informellement utilisé par Piaget.
[31] P. 31 ss.
[32] P. 97.
[33] Souligné par nous, RD/MR.
[34] (EEGI) p. 13-14 (*Programme et méthodes de l'épistémologie génétique*, par Jean Piaget).
[35] «Rappelons qu'en psychologie le qualificatif de génétique est appliqué à tout développement, y compris ontogénétique, depuis Stanley Hall et J.M. Baldwin, avant qu'il ne prenne en biologie un sens plus restreint, relatif à l'hérédité.» (LC), p. 899 (*Les deux problèmes fondamentaux de l'épistémologie génétique*, par J. Piaget).
[36] Il nous semble inutile de déclencher la polémique sur ce point. Nous ferons simplement remarquer que les recherches sur l'intelligence se centrent, en général, davantage sur le développement de systèmes valides de mesure que sur l'analyse des mécanismes de l'intelligence.
[37] *Cf.* la vingtaine de volumes des «Études d'épistémologie génétique» (voir : comptes rendus, chapitre 6, p. 140-142).
[38] Pour le détail des ouvrages épistémologiques et l'articulation proposée de leur étude, *Cf.* chapitre 5, Itinéraires, p. 130 ss.
[39] *Cf.* (LO), p. XVII (traduit par nous, RD/MR).
[40] *Cf. Traité de psychologie expérimentale* (éd. Fraisse et Piaget), vol. I, ch. 3 (*L'explication en psychologie*, par Jean Piaget, p. 144).
[41] *Cf.* (LO), p. XVII.
[42] P. 24-25.
[43] C'est-à-dire du comportement ou des conduites des sujets (RD/MR).
[44] *Cf.* (LO), p. 24-25.
[45] Les travaux de Gesell sont exemplaires à cet égard, mais on peut prendre n'importe quel ouvrage (anglo-saxon de préférence) pour se rendre compte de la technique utilisée.

⁴⁶ *Cf.* (PE), p. 6.
⁴⁷ *Cf.* Piaget Jean, *Les relations entre l'affectivité et l'intelligence dans le développement mental de l'enfant*, Paris, 1954, CDU, 195 p. (sténographie d'un cours de Sorbonne, édition ronéotypée). *Cf.* également (SP), p. 43-49, et (PE) p. 20-25, et 89-101, 118-120.
⁴⁸ English & English, *A comprehensive dictionnary of psychological and psychoanalytical terms*, Londres, etc., 1958, Longmans.
⁴⁹ *Cf.* (PI), p. 15-25.
⁵⁰ Donc par une activité effective et non par une restructuration intérieure des connaissances RD/MR.
⁵¹ *Cf.* (PI), p. 17.
⁵² Citons dans ce contexte également la définition de « théorie opératoire » du « Vocabulaire de Psychologie » (PUF, Paris, 1957, 2ᵉ éd.), rédigée par Piéron : « Cette théorie de Piaget fait consister l'intelligence et la pensée en des séries d'opérations, consistant à classer, sérier, dénombrer, mesurer, placer ou déplacer dans l'espace et dans le temps, en s'adressant à des données concrètes ou les structures intuitives se trouvent dissociées pour, à un stade supérieur, reprendre ces données sur le plan formel des signes. Cette théorie est dite aussi opérationnelle. »
⁵³ Le terme de structure est emprunté aux mathématiques et signifie que les opérations ne s'articulent pas n'importe comment entre elles, mais selon des lois bien précises. Les groupements et le groupe INRC décrits par Piaget montrent comment s'interarticulent les opérations de l'enfant de 7-8 à 12 ans (opérations concrètes présentant des structures de groupement) et à partir de cet âge (les structures de groupements fusionnent peu à peu en une structure unique, mais plus riche, le groupe INRC qui s'élabore au niveau des opérations dites formelles).
⁵⁴ Une telle structure présente un certain nombre de propriétés intéressantes du point de vue mathématique, *cf.* par exemple la formalisation de J.-B. Grize dans (EEG XI).
⁵⁵ A cet égard, on constate, par exemple, que les classifications multiplicatives sont plus « difficiles » pour le sujet que les classifications simples. *Cf.* (LGS), chapitre 6.
⁵⁶ Il est utile de rappeler ici que les indications d'âge par Piaget sont toujours des estimations moyennes dont la validité resterait à établir par des recherches de contrôle appropriées. Les âges donnés servent à fixer les idées et non à établir des normes de développement.
⁵⁷ *Cf.* (DQ), pour un résumé voir également (PE), p. 76, 77.
⁵⁸ Signalons en passant que cette notion d'invariance de certaines grandeurs ou quantités physiques tend à poser problème aux physiciens (qui en contesteraient le bien-fondé dans certaines expériences piagétiennes, en ce qui concerne la conservation du volume d'une boulette de pâte à modeler déformée, p. ex.) mais qu'elle ne pose aucun problème pour l'adulte « moyen » qui tend à l'appliquer même à des situations inappropriées, en prétendant, par exemple, que la surface extérieure de la boulette est également invariante lorsqu'il y a déformation...
⁵⁹ On peut trouver une excellente mise à jour de ces problèmes dans le fameux « rapport Jensen » (Jensen A.R., « How much can we boost IQ and scholatic achievement ? »), *Harvard Educational Rewiew*, vol. 39, n° 1, hiver 1969. Réimpression avec un ensemble de discussions d'autres auteurs dans « Environment, Heridity and Intelligence », Reprint Series n° 2, compiled from *Harvard Educational Rewiew*, Harvard (Cambridge, Mass.), 1969. Ce rapport ne porte pas sur le développement de l'intelligence (au sens « Résultats à un test d'intelligence ») mais il contient une documentation unique. Nous tenons à signaler que si nous admirons la qualité de la compilation présentée, nous ne suivons nullement les implications spéculatives que l'auteur dérive des faits. Ces implications nous semblent moins dériver des faits présentés (qui pourraient être interprétés tout autrement) que des options politiques ou sociales (conscientes ou non) de l'auteur.

[60] Les termes techniques qui sont relatifs à ces mécanismes, adaptation, assimilation, accommodation et abstraction, sont discutés plus bas dans ce paragraphe.
[61] Pour un excellent résumé des positions successives de Jean Piaget au sujet de ce facteur, *cf.* (TJP), «Développement, régulation et apprentissage», par Bärbel Inhelder (p. 177-180).
[62] Si ce n'est de le citer dans un travail d'examen ou dans une thèse pour impressionner ses enseignants... On pourra trouver un choix de renvois raisonnable dans l'article d'Inhelder ci-dessus; voir également Battro A.M., *Dictionnaire d'épistémologie génétique*, Paris/Dordrecht, 1966 (Reidel ou PUF).
[63] *Cf.* (PE), p. 124-125.
[64] Piaget appelle «schème» des «ensembles organisés de mouvements» ou d'opérations. Le jeune enfant dispose, par exemple, de schèmes moteurs (prendre, tirer, pousser, sucer, etc.) tandis que l'enfant au niveau des opérations concrètes dispose (en plus) de schèmes opératoires (tels que classer, sérier, dénombrer, mesurer) qu'il acquiert et développe peu à peu.
[65] Pour un exposé sur la «théorie de l'assimilation de Piaget» voir (NI), p. 356 ss.
[66] *Cf.* p. 76 ss.
[67] Voir également (FS).
[68] Jean Piaget, «Le problème neurologique de l'intériorisation des actions en opérations réversibles», *Archives de Psychologie*, vol. XXXII, n° 128, 1949, p. 241-258.
[69] Il s'agit de concepts et des représentation du sujet, (RD/MR).
[70] Entre le sujet et le milieu, (RD/MR).
[71] Dans notre contexte, il suffirait de dire «un produit» (RD/MR).
[72] *Cf.* (BC) p. 235.
[73] *Cf.* (NI), chapitres 2 et 3.
[74] *Cf.* (EEG XXIII), p. 205 ss.
[75] *Cf. Vocabulaire de psychologie* (PUF, Paris 1957, 2ᵉ éd.), «Concept : représentation symbolique (presque toujours verbale) utilisée dans le jeu de la pensée abstraite, et ayant une signification générale valable pour un ensemble de représentations concrètes, dans ce qu'elles ont de commun (concept d'arbre, par exemple, commun à toutes les sortes d'arbres). Syn. : idée abstraite», H. Piéron.
[76] Piaget appelle fonctions symboliques ou sémiotiques l'ensemble des instruments cognitifs qui permettent de représenter (intérieurement ou extérieurement) des objets ou des situations qui ne sont pas immédiatement disponibles à l'action, *cf.* p. 64 ss.
[77] *Cf.* (FS), p. 230-231.
[78] Piaget distingue parfois ces deux aspects de la pensée et de la connaissance en appelant «figuratif» la partie de la connaissance du sujet qui porte sur des états et des représentations statiques et «opératif» les actions, transformations, etc., qui ont un caractère dynamique.
[79] *Cf.* Battro A.M., *Dictionnaire d'épistémologie génétique*. Voir également (EEG XIV) où Piaget distingue l'expérience physique, avec abstraction à partir des objets (par exemple l'acquisition de la notion de poids) et l'expérience logico-mathématique, avec abstraction à partir des actions; exemple : la commutativité de l'addition), p. 210.
[80] Pour le problème des stades, *cf.* Osterrieth P. *et al.*, «Le problème des stades en psychologie de l'enfant» (ouvrage collectif, IIIᵉ symposium de l'association de psychologie scientifique de langue française, Genève), Paris, 1955, PUF.
[81] *Cf.* (BC) p. 26-27.
[82] Ce dernier postulat d'intégration montre clairement que les stades ne sont pas des «rondelles de salami» empilées les unes sur les autres et sans relations; mais que l'enfant reconstruit à chaque nouveau stade l'ensemble de ses conduites antérieures à un niveau plus évolué.

[83] Piaget dit qu'un stade a atteint son niveau d'équilibre, lorsque la structure d'ensemble qui caractérise ce stade a atteint son niveau final, c'est-à-dire que toutes les opérations participant de l'élaboration de celle-ci sont effectivement coordonnées et réversibles, ce qui permet au sujet (dans les limites de la structure d'ensemble typique) de compenser au maximum les perturbations de son univers cognitif.

[84] *Cf.* (EEG IV), chap. 3 et (EEG XV).

[85] Ce stade se divise en une phase préparatoire (développement des fonctions sémiotiques et niveau préopératoire) et de la phase des opérations concrètes proprement dites à partir de 7-8 ans.

[86] Cette période est caractérisée par l'apparition des fonctions sémiotiques et par une phase préparatoire de représentation préopératoire (non-conservations, etc.), mais aboutissant dès 7-8 ans à la constitution des opérations dites «concrètes» (BC), p. 28.

[87] Cité d'après «Les stades du développement intellectuel de l'enfant et de l'adolescent» par Jean Piaget dans Osterrieth P., *op. cit.*, et l'adaptation de Battro A.M., *op. cit.*, p. 169-170.

[88] *Cf.* (SP), p. 11-12.

[89] *Cf.* (CR) pour la construction de l'objet permanent, le groupe pratique de déplacement et les premières compréhensions de la causalité et de l'ordonnancement de l'action pratique. *Cf.* également p. 55-57.

[90] Appellation d'ailleurs discutable, cette phase n'est caractérisée par aucune structure d'ensemble clairement définie (si ce n'est par un système de régulations plus ou moins partielles qui finiront par s'articuler en système d'ordre opératoire). Il s'agit bien plus d'une phase de préparation fonctionnelle avec mise en place de structures (apparemment) partielles.

[91] *Cf.* (PI), p. 152.

[92] *Cf.* (EP), p. 27. Le problème du «réglage du tous et du quelques» auquel Piaget fait allusion doit être éclairci dans ce contexte, puisque nous n'avons pas encore cité les expériences qui y sont relatives, il s'agit de situations, où une classe d'équivalence A (par exemple des jetons carrés bleus) est elle-même une sous-classe de B (par exemple d'autres jetons bleus mais pas carrés). On demande alors à l'enfant si «tous les carrés sont bleus» (ce qui est effectivement le cas) et si «tous les jetons bleus sont carrés» (ce qui n'est de toute évidence pas le cas). Les jeunes enfants ne parviennent pas à résoudre ce problème. Le problème devient encore plus complexe, lorsque les questions ne se bornent pas qu'au «tous» mais nécessitent une coordination réelle du «tous» et du «quelques» (exemple : on dispose d'un bouquet de fleurs avec quatre et cinq tulipes — tout le bouquet est fait de fleurs, toutes les roses et toutes les tulipes sont des fleurs — et on demande à l'enfant si il y a plus de fleurs ou plus de tulipes. Les jeunes enfants, incapables de comparer le nombre de tulipes au nombre de fleurs (donc au nombre de roses plus le nombre de tulipes), répondent immanquablement qu'il y a plus de tulipes «parce qu'il y a plus de tulipes que de roses»... *Cf.* (LSG), chap. 3 et 4; (GN), chap 7.

[93] *Cf.* (EP), p. 27-28.

[94] Pour la précausalité, *cf.* (CP) et (RM) pour les formes de raisonnement transductif, *cf.* (JR) et (FS).

[95] *Cf.* (EP), p. 28.

[96] Nous reviendrons plus en détail sur ces problèmes. *Cf.* p. 64 ss.

[97] *Cf.* également p. 26.

[98] *Cf.* (IMM) et (MI).

[99] Piaget appelle l'application bijective généralement «correspondance biunivoque» (ce qui revient au même). Il s'agit de faire correspondre à chaque élément d'un ensemble un élément (et seulement un) d'un autre ensemble (où chaque élément reçoit un élément de l'ensemble de départ). Puisque à chaque élément de l'ensemble de départ correspond au

moins et au plus un élément de l'ensemble d'arrivée, les deux ensembles contiennent le même nombre d'éléments.

[100] Il s'agit donc des actions qui avaient passé au plan des représentations (RD/MR).

[101] Répétons que les opérations sont des actions intériorisées, réversibles et reliées en structures d'ensemble. *Cf.* (RD/MR), p. 40.

[102] *Cf.* (EP), p. 34.

[103] *Cf.* (DQ), Introduction à la seconde édition, p. XIII (1962).

[104] Piaget distingue entre décalages horizontaux (application des mêmes structures opératoires à des contenus différents à des périodes différentes, mais à l'intérieur du même stade) et décalages verticaux (reconstruction d'une structure à un stade donné au moyen d'autres opérations à un stade ultérieur). L'enfant, par exemple, qui s'est construit au niveau sensori-moteur un système articulé de déplacements dans l'espace (avec des retours, détours, etc.) au niveau de l'action directe, reconstruira plus tard en passant par des étapes analogues de formation ce système au niveau de la représentation. *Cf.* Osterrieth, *op. cit.*, p. 36.

[105] *Cf.* (DQ), *loc. cit.*, p. XV.

[106] *Cf.* (EEG XIV), p. 237; *cf.* également (GSL), p. 120.

[107] Ces tentatives d'explication des décalages horizontaux font sans doute appel à l'intuition du lecteur et il faut espérer qu'elles seront complétées par des investigations empiriques appropriées.

[108] *Cf.* (EP), p. 46.

[109] C'est le préfixe «pré-» qui sert habituellement à désigner des formes de raisonnement, etc., qui précèdent, à un niveau inachevé, les formes de raisonnement opératoire (préconcept, préopératoire, etc.). Dans (BC), p. 385-388, Piaget insiste même sur la nécessité de cadres logico-mathématiques pour l'articulation du réel.

[110] *Cf.* (RE), p. 534.

[111] C'est la raison pourquoi on parle parfois de «stade hypothético-déductif» en désignant le stade des opérations formelles. L'utilisation (généralement implicite) de la logique des propositions [conjonction «et», et disjonction «ou» (exclusif ou non), implication «si... alors», etc.] dans le raisonnement appliqué à la résolution des problèmes et, au plan plus général, l'apparition des schèmes opératoires de la logique formelle (combinatoire, permutations, inversion et réciprocité, corrélations et proportions) caractérisent ce stade.

[112] *Cf.* (LEA).

[113] *Ibid.*, chap. 4.

[114] De telles descriptions existent par Piaget lui-même. *Cf.* (PI) et (PE).

[115] Ceci afin de faciliter l'établissement de connexions entre les ouvrages d'une part, l'utilisation des index (chap. 7) de l'autre.

[116] Il faudrait même dire «dans l'un des espaces», car chez les nouveau-nés les espaces de la bouche, de la main, de la vision ou de l'audition ne sont nullement coordonnés entre eux. *Cf.* (NI), chap. 2 et 3; (CR), chap. 2.

[117] Le langage finaliste que nous employons pour décrire ce phénomène est évidemment impropre sur le plan scientifique et ce d'autant plus qu'il ne permet pas de mettre en lumière les mécanismes de formation de cette conduite. Il permet cependant une description assez simple.

[118] *Cf.* (MP), chap. 4. Pour bien comprendre le rôle du développement de la perception pendant la petite enfance, il sera cependant indispensable de compléter les données rapportées là-bas par les travaux exhaustifs de Gesell et par les recherches récentes de Frantz et de Bower. Seuls ces derniers permettent de comprendre la précocité extraordinaire du développement des constances perceptives.

[119] *Cf.* Lambercier, recherches diverses toutes publiées dans les *Archives de Psychologie* (1946).

[120] Notons que les expériences réelles ont été faites sur un matériel sans signification (tiges en métal) et sur de plus grandes distances (jusqu'à 300 cm). La technique expérimentale utilisée n'était pas, en général, l'ajustement, mais la comparaison par paires ou sériale. Pour une mise au point assez brève, où Piaget rapporte et interprète également des recherches sur les jeunes enfants, on pourra se référer (TPE), vol. VI, p. 31-39.

[121] *Cf.* (TPE), vol. VI, p. 38.

[122] *Cf.* (TPE), vol. VI, p. 39.

[123] Cette remarque a d'ailleurs un caractère général, dans la mesure où l'on n'observe guère de stades caractérisés dans l'ensemble des fonctions de la perception, ainsi que (pourtant dans une moindre mesure) dans les autres fonctions représentatives (image mentale, schémas de la mémoire, etc.), si ce n'est un enrichissement de celles-ci par le développement opératoire.

[124] *Cf.* (CR), chap. 1.

[125] *Cf.* (CR), p. 10-11.

[126] Les réactions circulaires primaires sont centrées sur l'action elle-même de faire quelque chose, les réactions primaires secondaires sont centrées sur un effet particulier produit sur l'environnement, les réactions circulaires tertiaires ne consistent pas seulement à répéter une action, mais à la varier en répétant pour en voir les différents effets.

[127] Signalons à ce propos les observations de Piaget sur les débuts de la constance des formes, où l'on voit que l'enfant — capable d'exploiter la présence d'un indice pour chercher de façon adaptée l'objet total — devient également capable de retourner un objet qu'on lui présente dans une position inaccoutumée (p. ex. le biberon tourné à l'envers) en se servant d'indices visibles (p. ex. visibilité d'une partie de la tétine) d'abord, puis de façon plus autonome. Ce qui montre comment l'objet acquiert peu à peu une permanence et une constance indépendante de la position immédiate de l'objet dans l'espace (*cf.* (CR), p. 31-33).

[128] Il est évident que la formation des concepts (surtout verbaux) ne doit pas nécessairement entrer dans un chapitre consacré à la construction des invariants physiques de l'enfant. La formation des concepts est cependant évidemment tributaire de l'établissement des invariants les plus divers, et, par ailleurs, elle permet elle-même l'élaboration de nouveaux invariants, dans la mesure où elle se base sur ce qui est semblable entre objets et entre situation.

[129] *Cf.* p. 47-49.

[130] Pour le passage des schèmes sensori-moteurs aux schèmes représentatifs des catégories pratiques représentatives, *cf.* (FS), chap. 8 et 9; *cf.* également (RM), 1re partie.

[131] (FS), p. 239.

[132] (FS), p. 239.

[133] *Cf.* p. 77 ss.

[134] *Cf.* (FS), p. 239-240.

[135] L'ensemble de ce paragraphe est basé sur les études présentées par Piaget et d'autres auteurs dans (EEG XXIV).

[136] *Ibid.*, chap. 3.

[137] Après les deux paragraphes consacrés à la formation des concepts et à l'établissement de l'individualité ou de l'identité de l'objet, il serait évidemment tout naturel de passer à la discussion de la construction des opérations classificatoires. En raison du découpage que nous avons opéré nous n'y reviendrons cependant qu'en parlant des opérations logico-mathématiques. *Cf.* p. 77 ss.

[138] *Cf.* (DQ) et (GN), chap. 1 et 2.

[139] *Cf.* p. 35-36.

[140] A noter cependant que les très jeunes sujets (de 3-4 ans) affirment parfois, mais sans l'expliquer, la conservation de la matière. Piaget donne une explication de ce phénomène

à propos de l'identité et on peut sans doute la transposer à la conservation des grandeurs physiques : ce phénomène «paraît témoigner d'une tendance primaire à l'identification qui diminue ensuite sans contact direct avec l'identification vraie... Les mobiles de cette identification précoce sont une négligence des changements, mais surtout une assimilation de l'objet aux schèmes de l'action, cette assimilation étant alors un peu plus générique qu'une identification proprement individualisée, et expliquent le peu de souci des changements dont la première peut faire abstraction davantage que la seconde. Il convient en outre de noter que cette identification primaire apparente est rarement pure et se présente surtout sous la forme d'un mélange irrégulier d'identifications et de distinctions (EEG XXIV, p. 7).

[141] Notons que cette dernière expérience diffère considérablement de toutes les autres [*cf.* (GN), chap. 2] citées précédemment. Dans toutes les expériences sauf celle-ci, l'égalité des deux objets au départ s'établit par *consensus* entre l'expérimentateur et le sujet : on ajuste (ou l'on fait ajuster par l'enfant) les «dimensions» des deux objets, jusqu'à ce que l'égalité soit évidente pour l'enfant. Dans le cas de la conservation des grandeurs discontinues (quantité de perles), par contre, l'égalité initiale s'obtient par une sorte d'application bijective au départ; à chaque perle posée dans le récipient A, on fait correspondre (au moins une, mais pas plus d'une) perle dans le récipient B. L'égalité ne repose donc pas sur une simple convention, mais elle nécessite, comme condition quasi préalable, que l'enfant admette l'égalité du nombre de perles dans chaque récipient. La conservation des quantités discontinues semble d'ailleurs s'établir à peu près en même temps que la «conservation» (c'est-à-dire l'indépendance de l'arrangement spatial des éléments considérés) des correspondances biunivoques ou applications bijectives (conservation des quantités discontinues vers 6-8 ans, correspondance biunivoque vers 6-7 ans).

[142] *Cf.* (DQ), 2e, 3e et 4e parties.

[143] *Cf.* p. 49-50.

[144] *Cf.* (DQ), p. 132-133.

[145] La première édition de (DQ) s'intitulait, en effet, «Le développement des quantités chez l'enfant» (1941), alors que la deuxième édition (1962, augmentée d'une nouvelle introduction) s'intitule de façon plus précise «Le développement des quantités physiques chez l'enfant».

[146] *Cf.* Kant I., «Immanuel Kants Logik, ein Handbuch zu vorlesungen» (1re éd., 1800, Königsberg), chap. 6 (A).

[147] Pour l'ensemble de ces points, *cf.* (DQ), p. 25-29 et 326 ss.

[148] Nous reviendrons sur le problème des quantifications extensives à propos des opérations logico-mathématiques et sur les quantifications métriques en parlant du développement des opérations infra-logiques ou spatio-temporelles.

[149] *Cf.* p. 86 ss.

[150] *Cf.* (GS), p. 504-505.

[151] *Cf.* (GS), p. 505.

[152] Identité est à comprendre ici comme une opération (et non comme l'individualité de l'objet). Dans un système quelconque, l'opération identique consiste à ne rien faire ou rien changer (RD/MR).

[153] *Cf.* (EG II), p. 164.

[154] Cet exemple, et les suivants sont extraits de (LEA).

[155] Les sujets du niveau concret parviennent évidemment souvent à obtenir un effet désiré par tâtonnements successifs («essai-erreur»), mais souvent ils n'arrivent pas à reconstruire leur façon de procéder et prétendent alors que «c'est une question de chance».

[156] *Cf.* (FS), (PE), (IMM), (MI) pour des exposés assez généraux.

[157] Lorsqu'on dit que la perception elle-même est significative cela n'a de sens selon Piaget, que dans la mesure où le signifiant est constitué par les indices perceptifs, le

signifié dépassant le donné sensoriel est fourni par des schèmes divers de mise en relation, identification, etc. (MI), p. 14.

[158] *Cf.* (PI), p. 149.

[160] De Saussure F., «Cours de linguistique générale», Paris, 1915 (1re éd.), p. 101.

[161] Notons cependant qu'au niveau du langage il existe de nombreuses formes d'utilisation des symboles par les onomatopées et certaines exclamations (bien que de Saussure en conteste le caractère symbolique, *op. cit.*, p. 102).

[162] *Cf.* (PI), p. 149.

[163] *Cf.* (MI), p. 14.

[164] Pour une définition des aspects figuratifs et non figuratifs de la pensée (ou de la connaissance), *cf.* p. 54.

[165] Établi d'après (MI), p. 15-16.

[166] Cette tendance se manifeste très précocement : qu'on se rappelle les manifestations polyphoniques qu'un seul nouveau-né peut déclencher dans une pouponnière.

[167] A cet égard Piaget parle (à la suite de Baldwin) de l'«adualisme initial», d'autres auteurs parlant de «narcissisme» (Freud), de «symbiose» (Wallon), etc. *Cf.* (PE), p. 20-25.

[168] A cet égard l'imitation semble encore révéler des réactions circulaires, le modèle reprenant «à son compte» les conduites du sujet et se substituant de temps à autre à celui-ci.

[169] *Cf.* (FS), p. 37-44.

[170] *Cf.* (FS), p. 62-63.

[171] *Cf.* p. 76.

[172] *Cf.* (FS), p. 63.

[173] *Cf.* (FS), p. 64.

[174] Situation particulière d'expériences sur le domaine visuel : différents stimuli se déplacent et se succèdent d'une façon qui déclenche chez l'observateur l'impression que les stimuli se poussent, lancent, etc. mutuellement. Piaget a repris les travaux originaux de Michotte [«la perception et la causalité», Louvain, 1954 (2e éd.)].

[175] Pour un exposé d'ensemble, *cf.* (MP) ou (TPE), vol. VI, chap. 18.

[176] *Cf.* (TPE), vol. VI, p. 16.

[177] *Cf.* (MP), p. 115-127.

[178] *Cf.* (MP), p. 155-171.

[179] *Cf.* (MP), chap. 5.

[180] Pour un compte rendu des interactions multiples entre l'intelligence et la perception, voir (MP), partie III (les structures de la perception et celles de l'intelligence).

[181] Ce paragraphe s'appuie sur (IMM) et (MI).

[182] Il faut cependant noter, à cet égard, deux choses. D'une part les explorations du cerveau vivant montrent qu'il existe des éléments mnémoniques proprement enregistrés [*cf.* (IMM), p. 5-7], d'autre part les recherches piagétiennes sur l'image mentale portent exclusivement sur des éléments «visuels» représentatifs, à l'exclusion des «images» auditives, etc. Dans les théories contemporaines de la représentation, Piaget serait à définir comme un «périphéraliste» qui ne nie pourtant pas le rôle des processus centraux. A titre de comparaison, *cf.* McGuigan F.J. (éd.), «Thinking : studies of covert Language processes», New York, 1966 (Appleton).

[183] Dans ce contexte nous pouvons même considérer les activités perceptives comme imitatrices, puisque l'exploration visuelle, par exemple, consiste essentiellement à suivre plus ou moins habilement l'objet des yeux, donc à imiter l'objet par les mouvements oculaires.

[184] Pour diverses tentatives de catégorisation de l'image mentale, voir (IMM), p. 11-17 et (TPE), vol. VII, p. 83.

Piaget les distingue selon les trois dimensions indépendantes, selon qu'elles sont *reproduc-*

trices (du passé) ou *anticipatrices* (de ce qui va être), qu'elles portent sur des situations *statiques*, *cinétiques*, ou des *transformations* (à l'exclusion de simples déplacements qui sont simplement cinétiques) et qu'elles se centrent sur *les résultats d'une intervention ou sur l'intervention* elle-même. Il est cependant évident que les catégories ne peuvent pas toujours être combinées : il n'est pas concevable d'imaginer une situation statique anticipée : soit la situation existe, et alors l'image est reproductrice, soit elle n'existe pas, et alors l'intérêt se centrera sur les changements (cinétiques, transformations) qui peuvent la créer; etc. Une quatrième dimension rapproche l'image mentale de la mémoire, lorsqu'on se demande s'il existe des différences entre une image reproductrice immédiate et une image mentale différée.

[185] *Cf.* (IMM), p. 419 ss.

[186] Il est utile, à cet égard, de signaler que les expériences rapportées dans (MI) concernent essentiellement la conservation mnésique de situations «opératoires», où l'enfant a directement agi ou opéré (intérieurement) sur des objets concrets.

[187] *Cf.* (MI), chap. 1, 2, 5, 8, 12 et p. 448-454. (Les exemples étudiés portent en fait sur d'autres conduites que les conservations, elles ont été choisies ici pour des raisons de simplification.)

[188] *Cf.* Luquet, «Le dessin enfantin», Paris, 1927, Alcan.

[189] *Cf.* (LP), (JR), (FS).

[190] *Cf.* p. 58 ss.

[191] *Cf.* par exemple Lenneberg E.H., «Biological foundations of language», New York, etc., 1967, Wiley.

[192] Il n'est pas cependant inutile de rappeler que pour Piaget — et cela contrairement à un bon nombre de psychologues contemporains (*cf.* par exemple McGuigan, *op. cit.*) — la pensée ne se réduit pas simplement à un langage intérieur, mais est un comportement intériorisé, le langage étant bien évidemment, une sous-classe des comportements dont dispose le sujet.

[193] *Cf.* (LP), p. 23 (3ᵉ éd.).

[194] Précisons que ce terme utilisé par Piaget n'a aucune connotation péjorative. Il signifie simplement que l'enfant est centré sur lui-même et sur son action et est incapable de partager le point de vue d'autrui. Cette attitude s'observe aussi bien dans les conduites linguistiques de l'enfant jusqu'à 4-5 ans, que dans de multiples conduites cognitives jusqu'au deuxième niveau des opérations concrètes.

[195] *Cf.* (LP), chap. 3.

[196] Piaget n'a pas consacré de recherches au problème des interactions entre le problème du langage et celui du développement intellectuel. On trouvera cependant des analyses théoriques dans (PE), p. 66-72, et dans «Le langage et les opérations intellectuelles» (dans «Problèmes de psycholinguistique», Paris, 1963, PUF, p. 31-61).

[197] *Cf.* (FS), deuxième partie. Pour le jeu de règles, en particulier, *cf.* (JM), chap. 1.

[198] L'étroite liaison de ce type de jeu avec la fonction du jeu dans les situations thérapeutiques est évidente. *Cf.* également (PE) p. 46-50.

[199] *Cf.* (FS), p. 144.

[200] On notera le parallélisme de ce développement avec celui du langage qui conduit également à la coopération d'une part, et à la discussion de l'autre. *Cf.* également (JM).

[201] Notre façon d'exposer les problèmes des classes et des relations est à la fois naïve sur le plan logico-mathématique et incomplète. Elle suffira cependant à nos besoins. Pour des exposés plus complets ou formellement corrects *cf.* (TL), et Grize J.-B., «Logique historique, logique des classes et des propositions, logique des prédicats, logique modale», dans (LC), p. 135-289.

[202] Nous discuterons les problèmes liés à la notion de fonction dans le présent chapitre (les relations de la fonction aux lois physiques et à l'explication apparaissant au prochain

chapitre) tandis que nous discuterons les questions concernant la géométrie au prochain chapitre, seulement.

[203] *Cf.* (GSL), chap. 1-8.

[204] *Cf.* p. 39 ss.

[205] La limite d'âge inférieure de 2-3 ans était dictée plutôt par des convenances matérielles (possibilité de trouver des sujets de cet âge dans les crèches) que par l'impossibilité des plus jeunes enfants d'articuler d'une quelconque manière un ensemble d'objets. Il y a sans doute un passage progressif des catégories sensori-motrices aux conduites qui vont être présentées.

[206] *Cf.* p. 49 ss.

[207] Ces difficultés de concrétisation d'un système classificatoire se reflètent clairement dans les multiples efforts consacrés à ce problème au cours du temps [tables à double entrée ou «matrices», diagrammes d'Euler (ou de Venn, Caroll, Carnaugh, etc.)].

[208] Ce paragraphe s'appuie essentiellement sur les recherches publiées dans (GN), chap. 5 et 6; (GSL), chap. 9 et 10. Les relations étudiées sont toujours des relations d'ordre qui peuvent aboutir à une sériation des éléments d'un ensemble («relations asymétriques»). On trouvera dans (JR) quelques études sur le développement de notions de relations plus particulières [chap. 3, les relations de «frère (ou sœur) de», «à gauche (à droite) de», etc.].

[209] Pour les applications (correspondances biunivoques et co-univoques), *cf.* (GN), chap. 3 et 9; pour les fonctions, *cf.* (EEG XXIII).

[210] *Cf.* (EEG XXIII), p. 199-200.

[211] *Cf.* (EEG XXIII), p. 201.

[212] *Ibid.*, p. 202.

[213] *Cf.* (EEG XXIII), p. 203.

[214] *Cf. Ibid.*

[215] Pour l'ensemble de ces expériences, *cf.* (EEG XXIII), chap. 13.

[216] L'essentiel des recherches sur la genèse du nombre se trouve dans (GN), dont (GSL) complète les données empiriques [voir également dans (EEG XI) et (EEG XIII) les travaux de Gréco et Morf]. Sur le plan théorique, il est nécessaire de se référer à (CRN) ou (TL). Des résumés plus lisibles se trouvent, par contre, dans (EEG XIV), (PE) et (EP).

[217] *Cf.* (EP), p. 39-40.

[218] C'est-à-dire «un objet et encore un objet, puis encore un objet...», (RD/MR).

[219] *Cf.* (EP), p. 40.

[220] *Cf.* (EP), p. 40, ou (PE), p. 83

[221] *Cf.* (EP), p. 41.

[222] *Cf.* chap. 6-10; (EEG XI), chap. 5 (par P. Gréco); (EEG XIII), chap. 1-4 (par P. Gréco et A. Morf).

[223] *Cf.* (EEG IV), p. 51-52.

[224] *Cf.* (EP), p. 52.

[225] *Cf.* (RE), (GS) et (EEG XVIII).

[226] *Cf.* (CR), chap. 2.

[227] *Cf.* (GS), chap 1.

[228] Pour une confrontation des représentations enfantines de l'espace et les géométries de l'adulte (ainsi que leur développement génétique ou historique), *cf.* (EGI) et (EEG XIV).

[229] Avant cet âge les productions graphiques se réduisent, en effet, souvent à un gribouillis difficile à interpréter (RD/MR).

[230] La fermeture d'une courbe (comme opposée à une courbe ouverte) est une des rares propriétés que les transformations topologiques d'un objet ne modifient pas (contrairement à leur forme, par exemple) (RD/MR).

[231] *Cf.* (LC), p. 419. La propriété d'un objet d'être à l'intérieur ou à l'extérieur d'une courbe fermée ou sur la courbe, résiste également aux transformations de type topologique (RD/MR).

²³² *Cf.* (RE), chap. 3, et (IMM), chap. 3 et 4.
²³³ Ce problème dépasse les simples constances perceptives, dans la mesure où il ne s'agit pas de conserver les propriétés de l'objet, mais de coordonner la connaissance de l'objet avec son apparence momentanée.
²³⁴ Il est évident qu'il y a peu d'intérêt à étudier comment l'enfant se sert d'une règle graduée, car «un mètre tout construit est un condensé d'opérations déjà exécutées et il n'y a aucun intérêt à chercher comment l'enfant s'en servira avant d'avoir établi comment il se constitue lui-même ses mètres ou ses étalons de mesure, fussent-ils grossiers, imparfaits et d'un usage très momentané» (GS), p. 40.
²³⁵ *Cf.* (GS), chap. 2. L'ensemble de cet ouvrage est d'ailleurs consacré au développement de la mesure.
²³⁶ Dans la mesure ou l'itération d'une unité constitue une sériation ou une ordination des actions, et qu'elle est donc «parente» des opérations de sériation logico-mathématiques, tandis que le déplacement de l'unité et de l'intégration successive des intervalles mesurés en un tout s'apparente évidemment à un système hiérarchique de classification, la mesure apparaît au niveau des opérations infralogiques comme le pendant du nombre au niveau des opérations logico-mathématiques, c'est-à-dire comme une synthèse entre un ordre et une suite d'inclusions.
²³⁷ *Cf.* (NT), (EEG XX), (EEG XXI).
²³⁸ Il serait pourtant abusif de prétendre que l'enfant n'a aucune notion du temps au niveau préopératoire : à la fin du stade sensori-moteur l'enfant devient tout à fait capable d'ordonner ses actions successives dans le temps pour arriver à un but particulier (et même — au cours du sixième sous-stade — de se représenter les actions successives). *Cf.* (CR), chap. 4.
²³⁹ Il s'agit, par exemple, de comparer les durées respectives de deux événements qui commencent en même temps, mais qui ne se terminent pas simultanément ou inversement, ou d'analyser les mouvements de deux objets qui se déplacent simultanément, mais pas à la même vitesse (l'un parcourant un espace plus grand que l'autre), etc.
²⁴⁰ Une expérience semblable, mais un peu plus complexe, consiste à faire couler le contenu d'un bocal dans deux bocaux posés dessous (par un tube en Y renversé) et de demander à l'enfant, si l'eau commence à couler simultanément dans les deux bocaux, si elle s'arrête en même temps, s'il faut la même durée pour remplir chacun des bocaux (leurs formes étant différentes!), etc. Le problème devient difficile, lorsqu'on demande s'il y a la même quantité d'eau dans les deux bocaux, pourquoi les niveaux d'eau sont-ils différents, faut-il la même durée pour passer d'un niveau donné à un autre niveau donné dans les deux bocaux, etc.
²⁴¹ *Cf.* (EG II), p. 38-39.
²⁴² *Cf.* (NT), p. 286.
²⁴³ *Cf. Ibid.*, p. 289.
²⁴⁴ *Cf.* (MV).
²⁴⁵ *Cf.* (EG II), p. 53-54.
²⁴⁶ *Cf.* (MV), p. 257-258.
²⁴⁷ Une telle hypothèse conduit évidemment à un cercle vicieux, si nous rappelons ce que nous avions dit à propos de la mesure du temps (qui s'appuie sur la notion de vitesse). Pour la mesure du temps il est nécessaire «1° que l'on sorte du domaine des rapports exclusivement temporels pour faire appel au mouvement, à l'espace et à la vitesse temporelles qualitatives); 2° que les mouvements utilisés conservent leur vitesse, ce qui enferme la mesure dans un cercle, puisque la détermination d'une vitesse qui se conserve suppose la mesure du temps. Ce cercle a été signalé par tous les auteurs qui ont analysé la mesure du temps...» (EGII), p. 39-40. Nous verrons, cependant, que l'enfant arrive à une articulation de la vitesse précoce et parallèle aux premières représentations spatiales (conserva-

tion des caractéristiques topologiques des objets) et temporelles (premières sériations de l'action directe, puis des événements successifs), ce qui pallie le risque de circularité (RD/MR).

[248] *Cf.* (MP), p. 329-330.

[249] On a, par exemple, deux petits bonshommes qui traversent en simultanéité deux tunnels de longueur différente, deux voitures qui partent en même temps et arrivent en même temps, mais dont l'une parcourt un plus long chemin, des cyclistes qui se déplacent sur deux parcours concentriques (mais de longueur inégale) de façon simultanée, etc. Dans les expériences sur les mouvements relatifs, il s'agit de prévoir, si un petit bonhomme sera dépassé ou croisé (selon qu'il se déplace lui-même à gauche ou à droite, ou qu'il reste immobile) par le même nombre, par plus ou moins de cyclistes qui passent devant lui à vitesse et à fréquence constante, etc. (problème de se représenter le point de référence — le petit bonhomme — en mouvement, lui-même, et de le coordonner avec le mouvement et la vitesse des cyclistes), etc.

[250] On trouvera quelques expériences complémentaires sur la perception de la durée, du mouvement et de la vitesse dans (MP), chap. 5.

[251] *Cf.* (LC), p. 607-608.

[252] Pour l'ensemble de ce paragraphe, voir (RM) et (CP), pour ce qui concerne les premières recherches (essentiellement verbales) sur l'explication; (EEG XXVI), pour un exposé concis des recherches actuelles sur l'explication de phénomènes physiques par les enfants; (LEA), pour ce qui est du développement des stratégies expérimentales et de la déduction; et finalement (IH), pour le développement de la notion du hasard. Pour la coordination des moyens et des buts au niveau de l'action directe (causalité au niveau du développement sensori-moteur), *cf.* (CR), chap. 3.

[253] *Cf.* p. 63 et p. 85.

[254] *Cf.* (PE), p. 89.

[255] *Cf.* (LC), p. 617.

[256] *Cf.* (PE), p. 89.

[257] *Cf.* (NI), chap. 3, et (CR), chap. 3.

[258] Parmi les dix-sept catégories d'explications que Piaget distingue dans (CP), la moitié au moins sont de ce type et caractérisent la pensée préopératoire : par exemple, explications finalistes, par contiguïté temporelle ou spatiale, magiques et morales, animistes, artificialistes, etc.

[259] *Cf.* (RM).

[260] *Cf.* (CP).

[261] *Cf.* (LEA).

[262] *Cf.* (EEG XXVI).

[263] *Cf. ibid.*, p. 11.

[264] *Cf. ibid.*, p. 21. A la même page (note) : « Précisons en outre d'emblée pour éviter toute équivoque, qu'en attribuant une transformation opératoire aux objets le sujet est bien obligé de l'appliquer pour son propre usage : il n'y a dons rien de contradictoire à ce qu'elle soit simultanément appliquée et attribuée.»

[265] Ce qui est, en effet, analogue au caractère particulier des opérations concrètes qui procèdent de proche en proche et qui ne sont que partiellement dissociées de leur contenu. *Cf.* p. 34-35.

[266] Qui, par ailleurs, se dissocient peu à peu de leur contenu.

[267] (EEG XXVI), p. 120.

[268] *Cf.* tableau 2, p. 19.

[269] *Cf.* Autobiographies (p. 171).

[270] Ces articles ont paru en publication indépendante dans (PP).

[271] Notons cependant qu'une équipe de travail, dirigée par L. Pauli et J.-B. Grize («Science et Pédagogie») s'est attaquée à ce projet de longue haleine (université de Neuchâtel, centre de recherches sémiologiques).
[272] Les textes essentiels ont été récemment réunis en un volume, (ES).
[273] *Cf.*, par exemple, (PEP), p. 110-148 et 149-187, ainsi que (LC), p. 1114-1146.
[274] *Cf.* en particulier (LP) et (JM).
[275] *Cf.* (PI), p. 186.
[276] *Cf. ibid.*, p. 194.
[277] *Cf. ibid.*, p. 190.
[278] *Cf.* (JM).
[279] *Cf.* (PE), p. 100.
[280] *Cf.* p. 14 et tab. 2.
[281] *Cf.* «L'adaptation de la *Limnaea stagnalis* aux milieux lacustres de la Suisse romande», par Jean Piaget, *Rev. suisse de zool.*, 1929, 36, p. 263-531, et «Note sur des *Limnaea stagnalis L. var. lacustris Stud.* élevées dans une mare du plateau vaudois», par Jean Piaget, *Rev. suisse de zool.*, 1965, 72, p. 769-787. *Cf.* également (BC), p. 344-349.
[282] *Cf.* Autobiographie (éd. Cahiers V. Pareto), p. 142.
[283] *Cf. ibid.*, p. 142.
[284] *Cf.* (BC), p. 345.
[285] *Cf.* (BC), p. 344.
[286] *Cf.* (BC), p. 348.
[287] *Cf.* «Observations sur le mode d'insertion et la chute des rameaux secondaires chez les Sedum», par Jean Piaget, Genève, 1966, Candollea. Cité d'après (BC). *Cf.* également (BC), p. 229-234.
[288] *Cf.* (BC), p. 230.
[289] *Cf. ibid.*, p. 230 n.
[290] *Cf. ibid.*, p. 231.
[291] *Cf. ibid.*, p. 233.
[292] *Cf. ibid.*, p. 233-234.
[293] *Cf. ibid.*, p. 234.
[294] (BC).
[295] *Cf.* (BC), p. 422. Un peu plus bas (p. 423), Piaget ajoute cependant que le principal «défaut» de cet ouvrage réside dans le fait que «rien n'y est prouvé et tout ce qui est avancé ne l'est qu'à titre d'interprétations s'appuyant sur des faits, mais les dépassant sans cesse. Nous avons cependant tenu à écrire cet essai, parce que le genre de collaboration entre biologistes, psychologues et épistémologues que supposeraient des preuves n'existe qu'à peine et est hautement souhaitable».
[296] *Cf.* p. 17.
[297] Voir par exemple le parallélisme entre le développement opératoire et l'évolution des explications physiques chez l'enfant (EEG XXVI).

Chapitre 4
Guide technique pour lire Piaget

Dans ce petit chapitre nous tenterons de formuler quelques conseils qui seront peut-être de quelque utilité au lecteur désireux de s'initier aux travaux de Piaget et de ses collaborateurs.

Au chapitre V, le lecteur trouvera des suggestions pour programmer ses lectures en fonction de ses intérêts (à définir d'après le titre de chaque itinéraire).

Au chapitre VI, le lecteur pourra s'informer sur l'objectif et l'essentiel du contenu des ouvrages proposés au chapitre V.

Dans l'index, finalement, il pourra trouver des suggestions de lecture en fonction de problèmes clairement formulés. L'index renvoie d'une part aux ouvrages de Piaget, d'autre part au texte du chapitre III de ce livre. Inversement, on pourra partir des concepts exposés au chapitre III et passer par l'index pour approfondir les idées évoquées.

1. COMMENT SONT ARTICULÉS LES OUVRAGES DE PIAGET?

Il est relativement aisé de diviser l'ensemble des livres de Piaget en deux grandes classes : ouvrages de synthèse, de mise au point, de «vulgarisation» d'une part, ouvrages proprement expérimentaux, d'autre part.

Dans la première classe distinguée (synthèses, mises au point, «vulgarisations») il est, en plus, utile de différencier les ouvrages faciles et les ouvrages difficiles. Les ouvrages faciles [par exemple (SP), (PE), (TPE) vol. VII, (PEP), ainsi qu'à la limite (PI), (EP) et (ST)] suivent normalement un schéma clair et bien défini, aisément identifiable après une lecture un peu attentive de la table des matières. Les ouvrages difficiles [par exemple (EG I), (EG II), (EG III), (LC), (BC), etc.] sont, en général, simultanément des synthèses, des développements théoriques et des discussions critiques. Pour bien les comprendre, il serait utile que le lecteur se soit déjà bien habitué au style et à la dialectique piagétienne en lisant, soit un ouvrage facile, soit un ouvrage expérimental. Les ouvrages épistémologiques présentent, en outre, la difficulté supplémentaire que pour les comprendre, le lecteur devrait connaître les problèmes scientifiques abordés et l'histoire des sciences. Les ouvrages portant sur la «logique opératoire» supposent des connaissances plus ou moins approfondies (selon les ambitions des lecteurs) du langage et des techniques de la logique et des mathématiques.

Les ouvrages expérimentaux [par exemple (LP), (JR), (CP), (RM), (JM), (NI), (CR), (GN), (DQ), (FS), (NT), (MV), (GS), (RE), (IH), (LEA), (GSL), (IMM), (MI), etc.] suivent, en général, un schéma facile à identifier : (a) introductions — (b) parties expérimentales — (c) conclusions et développements théoriques. Les parties introductives servent en général à définir les problèmes, à les articuler et à mettre en place l'appareil conceptuel nécessaire à l'intelligence des situations expérimentales étudiées. Dans la partie expérimentale, chaque chapitre est consacré à une expérience unique ou à un groupe d'expériences apparentées par la problématique sous-jacente : l'articulation du chapitre se présente habituellement comme suit : définition du problème analysé — situations expérimentales (matériel, techniques et procédures) — résumé des conduites observées — analyse des résultats par stade de comportement — interprétation (éventuellement formalisation) des résultats obtenus et des conduites observées. Les conclusions finales contiennent généralement une interprétation globale de l'ensemble des expériences effectuées et des résultats, une discussion des structures mises en évidence et une généralisation (ou mise en relation) aux faits établis antérieurement. Le lecteur fera bien de méditer ce conseil de technique donné par Piaget lui-même : «... nous nous permettons donc de conseiller au lecteur de commencer par les conclusions, puis de chercher dans les divers chapitres les compléments d'information qu'il jugera utiles pour la justification des thèses qu'il désirerait discuter ou retenir. Enfin (mais seulement s'il s'astreint à une lecture d'ensemble), il pourra recourir à l'introduction, dont le but est de fournir les données préalables aux analyses de détail» [(GSL), préface], non pas tellement pour le suivre à la lettre (ce qui ne serait pas toujours indiqué) mais pour réaliser que la lecture d'un livre de Piaget ne doit pas nécessairement être linéaire. Nous reviendrons sur ce problème.

2. OUVRAGES COMPLÉMENTAIRES

Il existe quelques ouvrages complémentaires qui pourraient éventuellement être utiles à celui qui désire sérieusement étudier les travaux piagétiens en psychologie et en épistémologie génétiques. A titre d'information nous les lui signalons ici :

a) Bibliographies générales des travaux de Jean Piaget :

— *Bibliographie des travaux de Jean Piaget*, dans *Psychologie et Épistémologie génétiques, Thèmes piagétiens*, Paris, 1966 (Dunod), p. 7-38. (T.J.P.).

— *Bibliographie des écrits de Jean Piaget*, par Bärbel Inhelder, dans *Jean Piaget et les sciences sociales*, Genève, 1966 (Librairie Droz), p. 105-128 (Cahiers Vilfredo Pareto, *Revue européenne d'histoire des sciences sociales*, n° 10).

Les deux bibliographies s'étendent jusqu'en 1966 : comme elles s'appuient sur les mêmes sources, leurs contenus (et quelques erreurs, omissions, etc.) sont à peu près identiques. Le premier ouvrage contient en plus quelques articles intéressant l'ensemble de l'œuvre piagétienne (il s'agit d'une *Festschrift* pour le 70e anniversaire de Piaget), le deuxième ouvrage contient quelques articles sur les répercussions des travaux piagétiens dans les sciences sociales et une réimpression (augmentée et mise à jour) de l'autobiographie de Piaget.

b) Dictionnaires techniques :

— *Dictionnaire d'épistémologie génétique*, par A.M. Battro, Dordrecht (Pays-Bas), 1966, 188 p. (édition reliée), D. Reidel Publ. Comp.

— *Id.*, Paris, 1966 (édition brochée), Presses Universitaires de France.

Ce dictionnaire réunit sous chaque mot-clé [exemple : *constructivisme, contenu* (opp. forme), *contenu extra logique, contenu d'une proposition physique, contenu du temps* (opp. temps), *contradiction logique et psychologique*, etc.] des citations extraites des ouvrages et de quelques articles de Piaget. Cette façon de procéder permet de comprendre les définitions piagétiennes en fonction de divers contextes et époques. Pour être utile, ce dictionnaire nécessite, cependant, une bonne connaissance préalable des travaux de Piaget (le choix des citations n'étant évidemment pas exhaustif, les citations étant parfois un peu biaisées par l'absence de contexte, etc.).

c) Fichier des expériences citées dans les ouvrages de Piaget :

Un fichier contenant les comptes rendus (problématique, technique et matériel, sujets examinés, résultats) des expériences intéressant le développement préopératoire et opératoire est en voie de constitution (dirigé par L. Pauli et J.-B. Grize, « Science et pédagogie », Centre de recherches sémiologiques, université de Neuchâtel, Suisse).

3. COMMENT LIRE PIAGET ?

La remarque de Piaget que nous avons rapportée un peu plus haut sur la façon de lire un de ses livres, peut servir sans autres de base de départ pour la lecture des ouvrages piagétiens.

En effet, pour lire Piaget, pour le comprendre et même pour l'apprendre, il n'est nullement nécessaire de lire patiemment chaque ouvrage d'un bout à l'autre. Il n'est pas nécessaire, non plus, de vouloir comprendre chaque paragraphe, chaque phrase en première lecture. Pour lire Piaget, il faut comprendre que bien souvent il aborde un sujet par cercles concentriques qui ne cernent que peu à peu la thèse qu'il veut réellement développer, que sa maîtrise de la méthode dialectique le pousse bien fréquemment à peser longuement les pour et les contre, les si et les alors, avant de se décider à livrer le fond de sa pensée.

Cet état de choses permet donc de commencer par lire les ouvrages de façon un peu superficielle (en « diagonale », en somme) pour revenir lorsqu'on a saisi les idées centrales sur les finesses de l'analyse critique et les détails des observations rapportées. En bref, le lecteur fera bien d'imiter Piaget et de procéder, lui aussi, par cercles concentriques et en spirales dialectiques. Ainsi, il pourra commencer par se faire une idée générale et encore superficielle des problèmes abordés (quitte à laisser de côté les passages qui lui paraîtront incompréhensibles au premier tour), pour l'approfondir et le différencier au fur et à mesure de son progrès.

Lire le même ouvrage plusieurs fois de suite, revient à relire chaque fois un nouvel ouvrage, car chaque fois le lecteur a modifié les schèmes de sa pensée (par assimilation et accommodation...) et sa compréhension se différencie et s'élargit progressivement. Et reprendre un ouvrage

« facile », après avoir lu d'autres ouvrages, conduira peut-être à la conscience que même ces ouvrages « faciles » ne le sont pas réellement...

Il va de soi que si l'on sent le besoin de prendre des notes, d'annoter les livres (si on les possède personnellement!), de faire des résumés, etc., aucun obstacle ne s'oppose à ces démarches. On fera simplement bien de reprendre de temps en temps ses cahiers et fichiers pour les mettre à jour en fonction des cercles concentriques ou en fonction du progrès qu'on a fait dans la spirale.

Il va de soi, également, qu'on portera un certain effort à placer les ouvrages dans leur contexte (date de parution de la première édition de l'ouvrage, intérêts de Piaget à ce moment, etc.) factuel et temporel.

Ceci dit, le lecteur fera pourtant bien de ne pas perdre ses habitudes de lecture et d'analyse critiques des textes qu'il étudie. Il discutera et critiquera les problèmes méthodologiques posés par les expériences (clarté des descriptions de matériel, des techniques d'investigation, des populations examinées, etc.), les résultats présentés[1], et leur interprétation, les tentatives de formalisation et les généralisations, etc.

NOTE

[1] Citons à cet égard cette belle remarque de Piaget et Inhelder : « Il convient même de préciser que nous ne croyons à aucun de ces tableaux de fréquence, au sens que nous nous attendrions à ce que d'autres observateurs retrouvent les mêmes moyennes... le sens de nos tableaux est donc simplement de renseigner le lecteur sur ce que nous avons trouvé et d'indiquer la direction de l'évolution observée, l'ordre de succession étant seul important et non pas les moyennes d'âges sujettes à des fluctuations peut-être considérables » (IMM), préface, p. VIII.

Chapitre 5
Itinéraires pour lire Piaget

a) Pour commencer :
— introduction à la psychologie génétique
— introduction à l'épistémologie génétique

b) Pour psychologues :
— pour l'étudiant en psychologie plus avancé
— introduction au développement de l'enfant, de la naissance à deux ans
— introduction à la fonction sémiotique et à la représentation graphique
— mémoire : fonction et développement
— apprentissage, psychologie et épistémologie génétiques
— introduction au côté plus théorique des recherches psychologiques piagétiennes

c) Pour épistémologues, logiciens, mathématiciens, physiciens, biologistes, sociologues, linguistes, philosophes et d'autres :
— mathématiques, épistémologie et psychologie génétiques
— géométrie, épistémologie et psychologie génétiques
— introduction à l'épistémologie de la physique
— biologie, psychologie et épistémologie génétiques
— sciences humaines, psychologie et épistémologie génétiques

— linguistique, épistémologie et psychologie génétiques
— pour les philosophes

d) Pour enseignants et pédagogues :
— pédagogie et psychologie génétique
— pour un enseignement au niveau du jardin d'enfants
— pour un enseignement au niveau primaire inférieur (et supérieur)

*
 * *

Remarque : Les ouvrages munis d'un • sont considérés comme «essentiels». Les accolades suivies d'un renvoi «technique», par exemple, «fonctions sémiotiques», dirigent le lecteur vers l'index.

Introduction à la psychologie génétique

I. *Introduction à la question*
  SP (1940, 1956, 1959, 1963, 1964) (éd. 1964)
• PE (1966)
  TPE VII (1963)

II. *Choix d'ouvrages*

a) Psychologie génétique

• NI (1936)
  CR (1937)   } *cf.* sensori-moteur
  FS (1946)   } *cf.* fonction sémiotique
  GN (1941)
• DQ (1941)
  GS (1948)
  RE (1948)   } *cf.* opérations concrètes
• GSL (1959)
  IMM (1966)
  MI (1968)
  LEA (1955)   } *cf.* formel

b) Épistémologie génétique

• LC (1967)
  EP (1970)   } *cf.* épistémologie génétique

III. Retour à PI (1947), PE (1966) ou EP (1970)

Introduction à l'épistémologie génétique

I. *Introduction à la question*

PEP (1947, 1952, 1957, 1964, 1966) (éd. 1970)
- EP (1970)

II. *Choix d'ouvrages*

a) Problèmes généraux

EEG I (1957)
- LC (1967)

b) Épistémologie de la logique et des mathématiques

EG I (1950)
EEG II (1957)
- EEG XIV (1961)   }   *cf.* mathématique, etc.
LC (1967)
EP (1970)

c) Épistémologie de la physique

- EG II (1950)
EEG I (1957)   }   *cf.* physique
LC (1967)
EP (1970)

d) Épistémologie et biologie, psychologie et sociologie

NI (1936)
EG III (1950)
ES (1965)
- BC (1967)   }   *cf.* biologie, sociologie
LC (1967)
EP (1970)
- PEP (1947, 1952, 1957, 1964, 1966) (éd. 1970)

Pour l'étudiant en psychologie plus avancé

Connaissances préalables requises

Cf. itinéraire : « Introduction à la psychologie génétique »
Cf. itinéraire : « Introduction à l'épistémologie génétique »

I. *Pour rafraîchir la mémoire*
   PI (1947)
   PE (1966)
   EP (1970)

II. *Choix d'ouvrages*

A ce niveau de connaissances nous vous conseillons, non pas de reprendre un à un les ouvrages importants, mais plutôt de suivre une notion, une problématique, tout au long de l'œuvre.

   ex. : Équilibration, Évolution de la notion d'invariant, etc.

Introduction au développement de l'enfant de la naissance à deux ans

I. *Introduction à la question*
   SP (1940, 1956, 1959, 1963, 1964) (éd. 1964)
   PE (1966)

II. *Choix d'ouvrages*
- NI (1936) ⎫
- CR (1937) ⎬ *cf.* sensori-moteur
- FS (1947) ⎭
  SEA (1956)
  EEG II (1957)
  EEG V (1958)
  MP (1961)
  BC (1967)

Introduction à la fonction sémiotique et à la représentation graphique

I. *Introduction à la question*
   SP (1940, 1956, 1959, 1963, 1964) (éd. 1964)
- PE (1966)

II. *Choix d'ouvrages*
   NI (1936)   ⎫
   CR (1937)   ⎬ *cf.* fonction sémiotique : dessin
- FS (1946)   ⎭
   IMM (1966) ⎫ *cf.* fonction sémiotique : imitation,
   MI (1968) ⎭ image mentale, mémoire

Mémoire : fonction et développement

I. *Introduction à la question*

PE (1966)
Lire plus particulièrement le chapitre se rapportant à la fonction sémiotique

II. *Choix d'ouvrages*

- MI (1968)
- IMM (1966)
  ou TPE VII (1963)
  BC (1967)

Apprentissage, psychologie et épistémologie génétiques

Connaissances préalables requises

Cf. itinéraire : « Introduction à la psychologie génétique »
Cf. itinéraire : « Introduction à l'épistémologie génétique »

I. *Introduction à la question*

PP (1939, 1965) (éd. 1969)
PE (1966)

II. *Choix d'ouvrages*

- EEG VII (1959)
- EEG X (1959)
  LC (1967)
  B. Inhelder, H. Sinclair, M. Bovet (à paraître)

Voir également :
  EEG VIII (1959)
  EEG XIX (1965)

III. TPE VII (1963)

Introduction au côté plus théorique des recherches psychologiques piagétiennes

I. *Introduction à la question*

  SP (1940, 1956, 1959, 1963, 1964) (éd. 1964)
- PE (1966)
- EP (1970)

II. *Choix d'ouvrages*

a) Pour le sensori-moteur

NI (1936)
CR (1937)   } introductions et conclusions
FS (1946)

b) Pour le préopératoire et l'opératoire concret

DQ (1941)
GN (1941)
GS (1948)
RE (1948)   } introductions et conclusions
GSL (1959)
IMM (1966)
MI (1968)

c) Pour le formel

LEA (1955)   } introduction et conclusion

d) En tant que résumé du développement opératoire et pour des résultats normatifs

TPE VII (1963)

III. Retour à PI (1947) ou PE (1966)

Mathématiques, épistémologie et psychologie génétiques

Connaissances préalables requises

Cf. itinéraire : « introduction à la psychologie génétique »
Cf. itinéraire : « introduction à l'épistémologie génétique »

I. *Introduction à la question*

PI (1947)
TPE VII (1963)
PE (1966)
EP (1970)

II. *Choix d'ouvrages*

a) Épistémologie génétique des mathématiques

EG I (1950)
EEG II (1957)
EEG XI (1960)
EEG XIII (1962)

- EEG XIV (1961)
  EEG XVIII (1964)
  EEG XIX (1965)
  LC (1967)
  EEG XXIII (1968)
  EEG XXIV (1968)

b) Tentatives de formalisation

CRN (1942)
TL (1949)
TOL (1952)

III. *Pour le développement psychologique des notions mathématiques, voir en outre :*

JR (1924)
- GN (1941)
  GS (1948)
  RE (1948)
  IH (1951)
  GSL (1969)

Géométrie, épistémologie et psychologie génétiques

Connaissances préalables requises

Cf. itinéraire : « Introduction à la psychologie génétique »
Cf. itinéraire : « Introduction à l'épistémologie génétique »

I. *Introduction à la question*

PE (1966)

II. *Choix d'ouvrages*

   CR (1937)
- RE (1948)
- GS (1948)
  EG I (1950)
  EG II (1950)
  EEG XIV (1961)
- EEG XVIII (1964)
  EEG XIX (1965)

Pour le développement des notions métriques, en plus de GS, *cf.* également

MV (1946)
NT (1946)

III. TPE VII (1963)

Introduction à l'épistémologie de la physique

Connaissances préalables requises

Cf. itinéraire : « Introduction à la psychologie génétique »

I. *Introduction à la question*
PI (1947)
EP (1970)

II. *Choix d'ouvrages*
EG II (1950)
EEG VIII (1964)
EEG XIX (1965)
EEG XX (1966)
EEG XXI (1966)
LC (1967)
EEG XXI (1968)
- EEG XXV (1971)
- EEG XXVI (1971)

III. *Pour le développement psychologique des notions de physique, voir en outre :*
RM (1926)
CP (1927)
DQ (1941)
NT (1946)
MV (1946)
IH (1951)
LEA (1955)

Biologie, psychologie et épistémologie génétiques

Connaissances préalables requises

Cf. itinéraire : « Introduction à la psychologie génétique »

I. *Introduction à la question*
EP (1970)

II. *Choix d'ouvrages*
   CP (1927)
   NI (1936)
   PI (1947)
   EG III (1950)
- LC (1967)
- BC (1967)
   ST (1968)
   EEG XXIV (1968)

Sciences humaines, psychologie et épistémologie génétiques

Connaissances préalables requises

Cf. itinéraire : « Introduction à la psychologie génétique »
Cf. itinéraire : « Introduction à l'épistémologie génétique »

I. *Introduction à la question*
   PEP (1947, 1952, 1957, 1964, 1966) (éd. 1970)
   PE (1966)
   ST (1968)
- EP (1970)

II. *Choix d'ouvrages*
   JM (1932)
   PI (1947)
   EG I (1950)
   EG II (1950)
   EG III (1950)
   EEG I (1957)
   ES (1965)
   LC (1967)
- BC (1967)

Linguistique, épistémologie et psychologie génétiques

Connaissances préalables requises

Cf. itinéraire : « Introduction à la psychologie génétique »

I. *Introduction à la question*
   PE (1966)

II. *Choix d'ouvrages*

Se référer à la fonction sémiotique (*cf.* fonction sémiotique)
  LP (1923)
  JR (1924)
- EEG III (1957)
- «Le langage et les opérations intellectuelles» dans Problèmes de psycho-linguitique (*cf.* bibliographie)
  LC (1967)

Complément

«Jean Piaget et la linguistique» dans Cahiers Pareto (*cf.* bibliographie)
H. Sinclair (*cf.* bibliographie)

Pour les philosophes

I. *En ce qui concerne l'épistémologie génétique*

Cf. itinéraire : «Introduction à l'épistémologie génétique»

II. *Pour la logique mathématique*

Cf. itinéraire : «Mathématiques, épistémologie et psychologie génétiques»

III. *Pour les relations entre Piaget et les «philosophes»*

- *Cf.* SIP (1965)

Pédagogie et psychologie génétique

I. *Introduction à la question*

- PP (1939, 1965) (éd. 1969)

Cf. aussi itinéraire : «Introduction à la psychologie génétique»

II. *Choix d'ouvrages*

  SP (1940, 1956, 1959, 1963, 1964) (éd. 1964)
  TPE VII (1963)
- PE (1966)
  EP (1970)

Pour un enseignement au niveau du jardin d'enfants

I. *Introduction à la question*
SP (1940, 1956, 1959, 1963, 1964) (éd. 1964)
PE (1966)

II. *Choix d'ouvrages*

LP (1923)
JR (1924)
RM (1926)
JM (1932)   } *cf.* fonction sémiotique
NI (1936)
CR (1937)
FS (1946)

Pour un enseignement au niveau primaire inférieur et supérieur

I. *Introduction à la question*
PP (1939, 1965) (éd. 1969)
SP (1940, 1956, 1959, 1963, 1964) (éd. 1964)
PE (1966)

II. *Choix d'ouvrages*
JM (1932)
GN (1941)
DQ (1941)
RE (1948)
GS (1948)
GSL (1959)
IMM (1966)
MI (1968)

III. *Plus particulièrement pour le niveau primaire supérieur*
IH (1951)
LEA (1955)

Chapitre 6
Comptes rendus

REMARQUES

1. L'ordre de présentation de ces comptes rendus suit simplement l'ordre alphabétique des abréviations de titres des ouvrages choisis. Pour un ordre chronologique on pourra se reporter à la bibliographie.

2. Les abréviations des titres ont été reprises dans la mesure du possible d'après les abréviations utilisées dans le «dictionnaire d'épistémologie génétique» de A.M. Battro, afin de faciliter l'établissement de correspondances.

*
* *

(BC) **Biologie et Connaissance**

Essai sur les relations entre les régulations organiques et les processus cognitifs
Paris, 1967, NRF, Gallimard (L'avenir de la science, vol. 42), 430 p.

Grand ouvrage théorique et de synthèse sur la continuité entre les formes d'adaptation biologique et les fonctions cognitives, en tant que modes d'adaptation particulièrement évolués.

— Problématique, questions de méthodologie; épistémologie de la pensée et de la connaissance biologique (évolution de la vie, des fonctions cognitives, phylogenèse, ontogenèse, psychogenèse; espèces, systèmes génétiques, individus; organisme et milieu, sujet et objet; la causalité biologique).

— Correspondances de fonction et analogies de structures entre les niveaux biologiques d'adaptation et la construction de la connaissance (organisation, adaptation, assimilation et accommodation, conservation et anticipation, régulation et équilibration).

— Epistémologie des niveaux élémentaires de comportement; connaissances innées et instrument héréditaires de connaissance; connaissances acquises et expérience physique; constructions logico-mathématiques.

— «Les formes de connaissance en tant qu'organes différenciés de la régulation des échanges fonctionnels avec l'extérieur».

(CP) La causalité physique chez l'enfant

Paris, 1927, Alcan, 347 p.

Recherches sur le développement des explications enfantines relatives à des phénomènes physiques naturels et techniques. Conclusions générales sur les notions de réel et de causalité chez l'enfant [conclusions communes pour (RM) et (CP)].

— Explication du mouvement, de la force (propriétés de l'air et du vent, mouvements des corps célestes, la gravité, la flottaison, etc.).

— Explication des effets d'immersion des solides dans un liquide, explication des nombres [pour des analyses ultérieures de ces phénomènes et de leur articulation par l'enfant, voir (DQ), (RE), (LEA)].

— Dans les conclusions Piaget met les résultats obtenus en relation avec ses recherches antérieures sur les débuts du raisonnement (JR), et montre l'étroite liaison entre le développement de la logique et des catégories du réel chez l'enfant
Compléments : *cf.* (RM).

(CR) La construction du réel chez l'enfant

Neuchâtel et Paris, 1937 (1re éd.)
Delachaux et Niestlé, 398 p.

Analyse des conduites enfantines du stade sensori-moteur qui permettent de montrer les premières articulations cognitives du réel au niveau de l'action directe et des premières représentations.

— Le développement de la «permanence de l'objet» montre que le jeune enfant n'acquiert que progressivement la connaissance que les objets continuent à exister, indépendamment de l'observateur, même s'il ne sont pas immédiatement perceptibles.

— Les déplacements dans l'espace deviennent composables et se constituent au niveau de l'action directe en groupe de déplacements (possibilité de faire des détours, de revenir au point de départ par un détour, etc.).

— L'enfant devient capable de lier ses actions à des effets désirés, il y a coordination entre les moyens disponibles et les buts visés ; l'enchaînement des actions indique également le début d'une articulation temporelle de l'univers enfantin. Compléments : (NI), (FS).

(CRN) **Classes, relations et nombres**

Essai sur les groupements de la logistique et sur la réversibilité de la pensée
Paris, 1942, J. Vrin, 323 p.

Tentative de formalisation des activités caractéristiques du niveau des opérations concrètes. Exposé des «groupements», structures logiques isomorphes à la pensée et au raisonnement de l'enfant de 7-8 ans à 11-12 ans. Structure formelle et genèse psychologique des groupes arithmétiques.

— Définition du concept «opération» sur le plan formel et sur le plan psychologique ; distinctions des activités de classification (fonctions propositionnelles saturées par une seule valence) et de sériation (fonctions saturées par au moins deux valences) qui s'articulent soit en systèmes additifs (inclusifs ou linéaires), soit en systèmes multiplicatifs ; distinction entre les opérations simples et secondaires (portant soit sur les compléments de classe, soit sur les relations inverses).

— Développement des huit groupes caractéristiques : (classification ou sériation) × (opérations additives ou multiplicatives) × (opérations simples ou secondaires) et d'un groupement «préliminaire des équivalences pures».

— Le passage des groupements logiques aux groupes arithmétiques comme synthèse des structures de classes et de relations, genèse psychologique de la notion de nombre.

— La parenté entre les structures logiques développées et la pensée de l'enfant au niveau des opérations concrètes.

Compléments : sur le plan des faits psychologiques : (JR), (GN), (DQ), (GSL); sur le plan des formalisations : (TL), (TOL), (LO), ainsi que J.-B. Grize dans (LC) (*cf.* bibliographie).

(DQ) Le développement des quantités chez l'enfant

Conservation et atomisme (avec B. Inhelder)
Neuchâtel et Paris, 1941
Delachaux et Niestlé, 339 p.
Deuxième édition : **Le développement des quantités physiques chez l'enfant**, édition augmentée, 344 + XXVII p., 1962.

Description, explication du développement des notions d'invariance relatives aux quantités physiques : matière (ou substance), poids, volume. Théories sur l'atomisme.

— Invariances relatives à la déformation d'une boule de pâte à modeler.

— Invariances relatives à la dissolution d'un solide (morceau de sucre) dans l'eau.

— Invariances paradoxales : dilatation sous l'effet de la chaleur.

— Dissociation des notions de poids, densité, masse, volume (flottaison des corps, poids d'un corps sur la balance, déplacement du volume d'eau par un solide immergé, etc.).

— Opérations de sériation d'objets de poids différent.

On trouvera des compléments intéressants dans *l'Introduction* de la seconde édition (1962).

(EEG I à XXVI) Études d'épistémologie génétique

(publiées sous la direction de Jean Piaget)
Paris, paraissent irrégulièrement depuis 1957
Presses Universitaires de France (26 volumes parus en 1971)

Cette collection représente le produit des travaux théoriques et expérimentaux du Centre international d'épistémologie génétique (université de Genève). La majorité des travaux sont caractérisés par une coopération interdisciplinaire entre représentants de diverses disciplines scientifiques, en particulier des logiciens, mathématiciens, physiciens, biologistes et psychologues. Dans le présent contexte, nous retiendrons les volumes suivants (les articles cités selon Piaget, éventuellement en collaboration) :

EEG I	(épistémologie génétique et recherche psychologique[1]), «programme et méthode de l'épistémologie génétique», p. 13-84 (1957).
EEG II	(Logique et équilibre), «Logique et équilibre dans les comportements du sujet», p. 27-117 (1957).
EEG IV	Les liaisons analytiques et synthétiques dans le comportement du sujet (avec L. Apostel, W. Mays, A. Morf et la coll. de B. Matalon), 149 p., 1957.
EEG V	(La lecture de l'expérience), «Assimilation et connaissance», p. 49-108 (1958).
EEG VI	(Logique et perception), «Les isomorphismes partiels entre les structures logiques et les structures perceptives» (avec A. Morf), p. 49-116 (1958).
EEG VI	(Logique et perception), «Les préinférences perceptives et leurs relations avec les schèmes sensori-moteurs et opératoires» (avec A. Morf), p. 117-155 (1958).
EEG VII	(Apprentissage et connaissance), «Apprentissage et connaissance» (1re partie), p. 21-67 (1959).
EEG X	(La logique des apprentissages), «Apprentissage et connaissance» (2e partie), p. 159-188 (1959).
EEG XII	(Théorie du comportements des opérations), «La portée psychologique et épistémologique des essais néohulliens de D. Berlyne», p. 105-123 (1960).
EEG XIV	(Épistémologie mathématique et psychologie), «deuxième partie», p. 143-324; «Conclusions générales» (avec E.W. Beth), p. 325-332 (1961).
EEG XVI	(Implication, formalisation et logique naturelle), «Défense de l'épistémologie génétique», p. 1-7 (1962).
EEG XVII	(La formation des raisonnements récurentiels), «De l'itération des actions à la récurrence élémentaire» (avec B. Inhelder), p. 47-120 (1963).
EEG XX	(L'épistémologie du temps), «Comparaisons et opérations temporelles en relation avec la vitesse et la fréquence» (avec M. Meylan-Backs), p. 67-106 (1966).
EEG XXIII	(Épistémologie et psychologie de la fonction), chap. 1-7 et 15 (1968).

EEG XXIV (Épistémologie et psychologie de l'identité), chap. 1-4 (1968).

EEG XXVI (Les explications causales), «Causalité et opérations», p. 11-140 (1971).

La majorité des titres cités rend clairement compte du contenu des articles. On notera plus particulièrement que l'article dans (EEG II) est une interprétation des conduites et du développement du sujet en termes de la théorie des jeux (recherche de conduites optimales), que l'article dans (EEG XIV) peut être considéré comme une refonte (du moins partielle) de (EG I) et que les chapitres des (EEG XXIII), (EEG XXIV) et (EEG XXVI) contiennent, en plus des expériences rapportées (généralement réalisées en collaboration) des mises au point et des clarifications importantes.

(EG I, II, III) **Introduction à l'épistémologie génétique** (3 volumes)

Paris, 1950
Presses Universitaires de France
Tome I : *La pensée mathématique*, 361 p.
Tome II : *La pensée physique*, 355 p.
Tome III : *La pensée biologique, la pensée psychologique et la pensée sociologique*, 344 p.

Cet important ouvrage (modestement intitulé «introduction»...) représente la première véritable synthèse des recherches, si diverses en apparence, de Piaget (philosophie de la pensée scientifique, développement de la connaissance chez l'enfant, formalisations des conduites opératoires du sujet, analyse des mécanismes d'adaptation aux niveaux biologique et psychologique, etc.). Les multiples interactions entre le sujet et l'objet, tant au niveau de l'histoire de la pensée adulte qu'en ce qui concerne la genèse des fonctions cognitives chez l'enfant, conduisent à la formation de connaissances qui s'articulent finalement en sciences, caractérisées par leurs problèmes spécifiques, leurs méthodes particulières, leurs résultats propres. Bien qu'autonomes à bien des égards, les divers domaines scientifiques sont liés par une série de connexions, ce qui permet de postuler un «cercle de sciences» allant des sciences formelles (logique, mathématique) à la physique, puis à la biologie, les sciences de l'homme (psychologie et sociologie) pour revenir aux sciences formelles.

Les trois volumes contiennent l'analyse des grands problèmes de l'épistémologie sous l'angle historico-critique et des apports de la psychologie génétique. Par exemple :

— Le passage des opérations logico-mathématiques tirées d'une manipulation d'ensembles d'objets aux opérations formelles des mathématiques, rigoureusement déductives ou indépendantes du réel (et le dépassant ou préparant une connaissance plus approfondie de celui-ci en fournissant des outils conceptuels mieux appropriés); le passage des opérations infralogiques à la géométrie axiomatique et aux problèmes abstraits de la physique; les problèmes de l'explication en science; les tendances d'évolution en sciences; etc.

Compléments : (LC), (BC), l'ensemble des Études d'épistémologie génétique (26 volumes parus entre 1956 et 1971), etc.

(EP) L'épistémologie génétique

Paris, 1970
PUF (Que sais-je?), 123 p.

Exposé synthétique des tendances générales et des résultats de l'épistémologie génétique et de ses méthodes.

— Analyse des données de la psychologie génétique; résumé des grandes étapes du développement intellectuel de l'enfant.

— Les préalables biologiques pour une théorie génétique de la connaissance; insuffisance des positions classiques de l'innéisme et de l'empirisme, dont la nécessité est admise, mais qui restent insuffisantes à l'état dissocié; l'organisme et ses montages héréditaires servent effectivement de point de départ au développement de la connaissance, mais l'expérience sur le réel est indispensable pour la construction des structures cognitives qui se fondent sur une interaction permanente entre le sujet et l'objet.

— Analyse de quelques problèmes classiques dans l'épistémologie (logique, mathématiques, physique) dans la perspective historico-critique et génétique.

Compléments : (PEP), (LC), (BC).

(ES) Études sociologiques

Genève, 1965
Éd. Droz, 202 p.

Réimpression de quatre articles sur la sociologie et la socialisation de l'enfant, parus entre 1941 et 1950, augmentée d'une préface originale.

Le premier article, « l'explication en sociologie » est extraite du tome III de l'introduction à l'épistémologie génétique (EG III) (il est faussement daté 1951, au lieu de 1950), tandis que les trois articles avaient paru dans une collection difficilement disponible.

— Explication en sociologie, en biologie et en psychologie; problèmes synchroniques et diachroniques, rythmes, régulations et groupements; formalisation; pensée sociocentrique, coopération.

— Echelles de valeur, valeurs interindividuelles et collectives, les échanges de valeur, coordination morale et juridique des valeurs.

— Développement opératoire et individuel et processus de socialisation : dynamique et interactions.

— Relations entre les catégories de la morale et du droit.

(FS) La formation du symbole chez l'enfant

Imitation, jeu et rêve — Image et représentation

Neuchâtel et Paris, 1946 (1re éd.)
Delachaux et Niestlé, 308 p.

Étude sur la genèse et le développement de l'imitation, des conduites de jeu et sur le passage des conduites sensori-motrices à la représentation et la pensée opératoire.

— Origines et évolution de l'imitation; l'imitation différée comme point de départ de la représentation et des fonctions symboliques ou sémiotiques; analyse et critique des théories de l'imitation.

— Développement du jeu enfantin (jeux d'exercice, jeux symboliques, jeux de règles); analyse critique des théories sur le jeu.

— Conduites sensori-motrices (action directe) et apparition de la représentation et de ses formes de pensée (pensée préconceptuelle, pensée intuitive, égocentrisme intellectuel); « analyse de l'univers cognitif de l'enfant de deux à six ans ».

Compléments : (NI), (CR), (IMM), (MI).

(GN) La genèse du nombre chez l'enfant
(avec Alina Szeminska)

Neuchâtel et Paris, 1941 (1re éd.)
Delachaux et Niestlé, 308 p.

Ensemble de recherches sur le développement de la notion de nombre et de concepts reliés à ce concept. Le nombre apparaît comme synthèse des structures de classification et des structures d'ordre, mais il dépasse les deux par sa flexibilité et son degré de généralité supérieurs et obtenus par des abstractions successives.

— Recherches sur la notion de l'invariance de quantités (continues ou discontinues) physiques lors de la déformation d'un corps.

— Analyses des conduites dans des tâches nécessitant des applications bijectives entre éléments (ordonnés ou non) de deux ou plusieurs ensembles.

— Comparaisons qualitatives et quantitatives entre ensembles et sous-ensembles (finis), compositions additives et multiplicatives de classes et de relations.

Comprendre ce livre n'est pas facile : la terminologie utilisée et même les concepts formels dont se servent les auteurs sont à la fois en marge de l'arithmétique classique et des mathématiques structuralistes. Au simple problème de compréhension s'ajoute la nécessité constante de traduire les concepts utilisés en un langage connu par le lecteur.

Pour compléter : (CRN), (TL), (EEG XI), (EEG XIII), (EEG XIV), GSL), (EEG XXIII), (EEG XXIV), (LC), (GS).

(GS) La géométrie spontanée de l'enfant
(avec A. Szeminska et B. Inhelder)

Paris, 1948
Presses Universitaires de France, 508 p.

Description du développement conduisant à la mesure et à l'analyse quantitative des longueurs, surfaces et volumes. Étude de l'acquisition des invariants géométriques nécessaires à cette évolution.

— Représentation des déplacements dans l'espace, techniques de mesure spontanées.

— Conservation des longueurs après décalage de l'objet; de l'égalité de deux surfaces après soustraction de deux surfaces égales ou après modification de leur forme; reconstruction de volumes égaux, mais de base différente, etc.

— Localisation de points dans des espaces à deux et trois dimensions, mesures d'angles et de triangles, etc.

— Partitions, soustractions, compositions, etc., de grandeurs géométriques.

Compléments : *cf.* le compte rendu de (RE).

(GSL) **La genèse des structures logiques élémentaires**

Classifications et sériations (avec B. Inhelder)
Neuchâtel et Paris, 1959
Delachaux et Niestlé, 295 p.

Étude du développement des opérations de classification et de sériation (structures d'ordre) portant sur des objets concrets.

— Premières formes d'articulation de type classificatoire. Classifications simples, emboîtement et multiplication des classes, le problème du « tous » et du « quelques » (classes constituées par un nombre fini d'objets concrets), la notion de complément, réarticulation progressive d'un système de classification en progrès, etc.

— Développement des conduites de sériation (ordination, ordonnancement) d'objets selon un ou plusieurs critères.

(IH) **La genèse de l'idée de hasard chez l'enfant**
(avec B. Inhelder)

Paris, 1951
Presses Universitaires de France, 261 p.

Analyse du développement des conduites d'enfants dans des situations, où le résultat d'une intervention sur le réel est entièrement ou partiellement déterminé par le hasard.

— Les recherches présentées s'inspirent des démonstrations classiques des lois du hasard : tirage au sort, distributions statistiques, mélanges irréversibles, etc. Quelques recherches sont consacrées aux combinaisons, permutations, arrangements.

Par une analyse de la résolution du conflit existant entre le développement opératoire (situations déterminées, opérations réversibles, etc.) et la compréhension des phénomènes aléatoires (irréversibles, partiellement prévisibles, seulement), voir également (LEA), chapitres 7 et 15.

(IMM) L'image mentale chez l'enfant

(*Étude sur le développement des représentations imagées chez l'enfant*)
(avec B. Inhelder *et al.*)

Paris, 1966
Presses Universitaires de France, 461 p.

Expériences et développements théoriques sur l'évolution des images mentales, leur structure et leur fonction dans la pensée du sujet; classification des différents types d'images mentales.

— Images reproductrices de situations statiques et cinétiques.

— Images reproductrices et anticipatrices de transformations, de mouvements.

— Relations entre les images reproductrices et l'action autonome du sujet; relations entre le développement opératoire et les images mentales.

— Relations entre l'image mentale et la perception, l'imitation, les notions préopératoires, etc.; la nature symbolique de l'image, sa signification épistémologique, etc.

Compléments : (FS), (MI).

(JM) Le jugement moral chez l'enfant

Paris, 1932 (1re éd.)
Alcan, 478 p.
(nouv. éd. Presses Universitaires de France, 1959, 335 p.)

Analyse de l'évolution du jeu de règles dans les conduites ludiques de l'enfant; développement des jugements et des notions relatives aux catégories de justice et de morale chez l'adulte. Relations entre les types de morale enfantine («sous contrainte», en situation de coopération), la socialisation de l'enfant et les différents genres de relations sociales.

— Analyse des règles du jeu de bille et de leur évolution en fonction de l'âge [*cf.* également (FS)].

— Etude du jugement que portent les enfants de différents âges sur certains actes réprouvés par la société : maladresses, vols, mensonges. Compréhension de l'action et du caractère de justice.

(JR) **Le jugement et le raisonnement chez l'enfant**

Neuchâtel et Paris, 1924 (1re éd.)
Delachaux et Niestlé, 337 p.

Analyse du raisonnement logique chez l'enfant à l'aide de données d'observation et d'expérimentation, tirées, soit du langage spontané, soit des réponses obtenues dans la résolution de problèmes présentés sous forme verbale.

— Compréhension et utilisation des relations causales et des connexions logiques sous l'angle de l'emploi des conjonctions grammaticales «parce que», «donc», «alors», «mais», etc.

— Le raisonnement sur des systèmes de relations (test des trois frères, relation de fraternité, relativité des notions de gauche-droite, etc.) et des systèmes de classes inclusives («notion» de patrie : appartenir à un canton, un pays, etc.).

— Essai théorique sur le raisonnement chez l'enfant (en particulier les formes prélogiques ou préopératoires).

— On trouve dans la troisième édition de cet ouvrage (*Avant-propos*, 1947) une mise au point de Piaget sur la méthode clinique ou «critique» de recherche et ses développements [*cf.* également (RM)].

(LC) **Logique et connaissance scientifique**

(ouvrage collectif, dirigé par et avec de nombreuses contributions de Jean Piaget)

Paris, 1967
NRF, Gallimard (encyclopédie de la Pléiade, vol. XXII), 1345 p.

Ce très important livre, réalisé avec le concours de nombreux collaborateurs (L. Apostel, L. de Broglie, O. Costa de Beauregard, J.T. Desanti, D. Dubarle, L. Goldman, G.G. Granger, P. Gréco, J.-B. Grize, J. Ladrière, J. Leray, A. Lichnerowicz, B. Mandelbrot, B. Matalon, F. Meyer, C. Nowinski, S. Papert, J. Piaget, J. Ullmo), propose une analyse approfondie des théories de la connaissance scientifique et du développement de cette connaissance. Méthodologiquement, Piaget part de cette idée «que les connaissances comportent des modes de structuration imprévisibles, multiples et sans cesse renouvelés, et que leur analyse ne peut alors procéder avec fruit qu'après leur constitution ou au cours de leur création; et autant que possible de l'intérieur, avec le minimum de présuppositions, celles-ci courant toujours le risque d'être déformantes»

(p. IX) et ceci pour la raison qu'il ne s'agit pas seulement de retracer une histoire de la philosophie et, surtout, que «tous les courants vivants de l'épistémologie contemporaine font aujourd'hui corps avec les sciences elles-mêmes, en ce sens que les transformations si imprévues et souvent si rapides des diverses disciplines ont entraîné des crises et des réorganisations obligeant les savants à examiner les conditions mêmes de leur savoir, donc en fait à construire de épistémologies» (p. X).

— Variétés de l'épistémologie, courants contemporains, méthodes de l'épistémologie, classification des sciences, logique.

— Epistémologie des mathématiques, de la physique, de la biologie, des sciences humaines (psychologie, sociologie, économie, linguistique).

(LEA) **De la logique de l'enfant à la logique de l'adolescent**
(par Bärbel Inhelder et Jean Piaget)

Paris, 1955
Presses Universitaires de France, 314 p.

Ensemble de recherches pour éclairer le passage du raisonnement concret à la pensée formelle et hypothético-déductive, le passage des groupements opératoires au groupe des quatre transformations (INRC), la combinatoire et la logique des propositions.

— Les situations expérimentales proposées incitent le sujet à tenter de dégager les variables pertinentes et leurs rôles respectifs dans différentes situations plus ou moins complexes.

— Constitution de la logique des propositions, combinatoires, induction de lois générales et leur explication, distributions aléatoires et corrélations.

— Chaque chapitre expérimental est accompagné d'une tentative de formalisation des conduites observées; présentation d'interprétations de la pensée de l'adolescent sur le plan intellectuel (les formes d'équilibre de la pensée formelle, structures concrètes et structures formelles) et général (comportement affectif).

(LO) **Logic and psychology**
(with an introduction on Piaget's logic, by W. Mays)

Manchester, 1953, New York, 1957
Manchester University Press
Basic Book, Inc., 48 p.

Publication de trois conférences prononcées en 1952 (l'ouvrage n'existe qu'en anglais), augmentée par une introduction à la « logique de Piaget » rédigée par le logicien W. Mays.

— Introduction élémentaire (et intuitive) aux structures logiques développées par Piaget pour formaliser les conduites psychologiques de l'enfant et de l'adolescent ; discussion des conséquences et des dangers (logicisme, psychologisme) d'une formalisation des conduites psychologiques.

— L'introduction de Mays est facile à lire, elle est cependant un peu trop éclectique pour vraiment servir de base de départ.

(LP) Le langage et la pensée chez l'enfant

Neuchâtel et Paris, (1re éd.), 1923
Delachaux et Niestlé, 213 p.

Observations sur la fonction du langage parlé chez l'enfant de 4 à 7 ans ; analyse des échanges verbaux entre enfants et entre enfants et adultes (questions, explications, etc.).

— Les résultats obtenus permettent de distinguer plusieurs fonctions du langage, en particulier, les formes plus ou moins évoluées de monologues (langage « égocentrique »), où l'enfant parle à haute voix, mais sans s'adresser à un interlocuteur particulier et sans attendre de réponse et, par ailleurs, diverses formes de « conversation », où les points de vue réciproques sont plus ou moins ordonnés et coordonnés.

— D'autres recherches, sur les formes d'interaction sociale à propos d'une situation concrète à expliquer ou de données verbales à transmettre, permettent l'analyse simultanée de la capacité de compréhension de l'enfant et de la capacité de transmettre verbalement un contenu.

Compléments : Le langage et les opérations intellectuelles. *Cf.* bibliographie.

(MI) Mémoire et intelligence
(avec Bärbel Inhelder *et al.*)

Paris, 1968
Presses Universitaires de France, 487 p.

Recherches sur le souvenir de situations de caractère opératoire chez l'enfant ; relations entre l'évolution de la mémoire et le développement intellectuel (niveaux préopératoire et opératoire).

— L'introduction et les conclusions développent successivement la position du problème dans la perspective de la psychologie génétique, puis tirent les conséquences des observations rapportées.

— Les expériences concernent le souvenir de situations à structure logique (classification et ou sériations) additive ou multiplicative.

— Le souvenir des situations présentant une structure causale.

— Le souvenir des dispositions (ou de la structure) spatiales des objets considérés.

Compléments : (IMM), (FS).

(MP) Les mécanismes perceptifs

Modèles probabilistes, analyse génétique, relations avec l'intelligence
Paris, 1961
Presses Universitaires de France, 457 p.

Ouvrage de synthèse, qui résume les recherches sur la perception parues entre 1942 et 1964 dans les « Archives de psychologie » et qui contribue à une analyse sur les relations entre la perception (visuelle) et l'intelligence.

— Les illusions perceptives et leur évolution en fonction de l'âge ; perception du temps, de la vitesse, du mouvement et de la causalité.

— Les activités perceptives, mouvements oculaires, action de l'exercice et de la répétition, l'anisotropie du champ visuel exploré, les activités de mise en relation et d'anticipation, les schématisations ; transports et transpositions spatiaux et temporels.

— Effets de champ et activités perceptives ; modèles probabilistes des effets de champ, de la loi de Weber, des effets temporels, etc. ; structure des activités perceptives.

— Différences, ressemblances, filiations et interactions entre la perception et l'intelligence ; informations, notions et opérations ; épistémologie de la perception, aspects figuratifs et opératifs de la connaissance, empirisme, innéisme et interaction entre le sujet et l'objet.

(MV) Les notions de mouvement et de vitesse chez l'enfant

Paris, 1946
Presses Universitaires de France, 281 p.

Recherches relatives aux notions et aux opérations dans les domaines du mouvement (placements successifs, déplacements) et de la vitesse.

— Expériences sur les notions d'ordre et de succession spatio-temporelles.

— Comparaisons de chemins différents parcourus à même vitesse, composition des déplacements, analyse de mouvements relatifs.

— Développement d'une métrique de la vitesse.

— Conservation des mouvements et des vitesses uniformes, notion d'accélération, etc.

Compléments : (NT), (IMM), (MP) (*cf.* également le compte rendu de (NT)).

(NI) La naissance de l'intelligence chez l'enfant

Neuchâtel et Paris, 1936 (1re éd.)
Delachaux et Niestlé, 429 p.

Observations sur le développement sensori-moteur de l'enfant (de la naissance à l'âge de deux ans environ) sous l'angle des conduites, connaissances et systèmes de signifiants qui s'élaborent durant cette période. L'introduction et les conclusions sont consacrées à un vaste développement sur les problèmes de l'intelligence aux niveaux psychologiques et biologiques (adaptation) qui conduit à une première formulation de la théorie de l'assimilation.

— L'analyse des sous-stades du développement sensori-moteur permet de montrer comment l'enfant évolue du niveau des montages héréditaires («réflexes») à des conduites de mieux en mieux adaptées et intentionnelles; l'enfant devient finalement capable de s'adapter à des situations inconnues, à enrichir des conduites établies par des variations multiples, à résoudre des problèmes (intelligence pratique) par des tâtonnements effectifs ou intériorisés.

Compléments : (CR), (FS).

(NT) Le développement de la notion de temps chez l'enfant

Paris, 1946
Presses Universitaires de France, 298 p.

Recherches sur les notions et les opérations relatives aux événements qui se déroulent dans le temps.

— Expériences sur l'écoulement du temps (ordre des événements, comparaison de durées successives ou emboîtées).

— Etudes des problèmes de simultanéité, sériations, compositions de durées; mesure du temps, isochronisme d'intervalles temporels successifs, etc.

— Conscience du temps vécu («temps psychologique»), développement de la notion d'âge.

Cet ouvrage doit être indissociablement lié à (MV). Compléments dans (EEG XX), (EEG XXI); pour les relations entre la perception du temps et les notions relatives au temps : (MP).

(PE) **La psychologie de l'enfant**
(avec Bärbel Inhelder)

Paris, 1966
PUF (Que sais-je?), 126 p.

Exposé synthétique, clair et simple du développement de l'enfant de la naissance à l'adolescence. Présentation résumée d'un bon nombre de travaux réalisés par Piaget et ses collaborateurs. Tient compte des faits et points de vue complémentaires exposés par d'autres auteurs.

— Le développement sensori-moteur sous son aspect intellectuel et affectif.

— Le développement de la perception et les relations entre l'intelligence et la perception; l'apparition et l'évolution des différentes fonctions sémiotiques.

— Le passage de l'action directe aux opérations intériorisées, réversibles et composables en structure d'ensemble; le développement des opérations concrètes (opérations et notions relatives aux activités logico-mathématiques (classifications, sériations, nombre) et infra-logiques (invariants physiques, espace, temps, vitesse et mouvement, causalité et hasard); le développement affectif et la socialisation de l'enfant.

— Les développements caractéristiques au niveau de l'adolescence sur les plans affectifs et intellectuels (opérations formelles).

— Les quatre facteurs du développement mental de l'enfant (maturation, hérédité, expériences logico-mathématiques, physiques, interactions, transmissions sociales, équilibration).

(PEP) Psychologie et épistémologie
(pour une théorie de la connaissance)

Paris, 1970
Gonthier, Denoël (Médiations), 187 p.

Ce volume réunit cinq articles parus séparément entre 1947 et 1966, ainsi qu'une introduction originale de Piaget. Ces articles concernent, d'une manière générale, l'épistémologie, l'épistémologie génétique, la psychologie génétique et leurs relations et interdépendances. L'introduction peut servir de première initiation aux problèmes de l'épistémologie génétique (buts, méthodes, résultats) et les trois articles suivants comme approfondissements exemplaires des idées développées. Les deux articles finaux sont plus théoriques et concernent des problèmes relativement spéciaux (relations entre la science et la philosophie, classification des sciences sociales).

Complété par (EP), cet ouvrage peut constituer « l'entrée en matière » pour l'épistémologie génétique, sans pour autant apparaître comme un ouvrage simple ou dénué de subtilités.

(PI) La psychologie de l'intelligence

Paris, 1947 (1re éd.)
A. Colin, 212 p.

Étude critique des théories de l'intelligence; présentation synthétique des travaux de Piaget sur le développement des fonctions cognitives de la naissance à l'adolescence.

— Définition de l'intelligence et de son rôle comme fonction d'adaptation, analyse des théories existantes, relations entre la logique et la psychologie.

— Relations entre l'intelligence et les conduites sensori-motrices, la perception, les habitudes; passage de l'intelligence sensori-motrice à la pensée symbolique et préconceptuelle, la pensée intuitive et les opérations concrètes; achèvement du développement au niveau des opérations formelles.

— Relations entre le développement des fonctions cognitives et la socialisation.

— Formes ou structures fondamentales du développement intellectuel : rythmes, régulations, opérations (groupes et groupements).

La parution de (PE) a partiellement permis de compléter et même de remplacer cet ouvrage qui commençait à dater sous bien des aspects. On y trouve pourtant des mises au point — en particulier les discussions des théories de l'intelligence dans la perspective de Piaget — qui rendent (PI) unique [mais voir également (NI)].

(PP) **Psychologie et pédagogie**

La réponse du grand psychologue aux problèmes de l'enseignement
Paris, 1969
Éd. Denoël (Médiations), 264 p.

Ce livre réunit deux articles parus antérieurement (1939 et 1965) dans l'Encyclopédie Française (l'ordre chronologique étant inversé et l'article de 1939 ayant paru en deux parties à l'origine) et portant sur les grands problèmes de la pédagogie contemporaine.

Ces articles résument et mettent à jour la position de Piaget concernant divers problèmes proprement pédagogiques (évolution des idées pédagogiques, les méthodes d'enseignement, problèmes de didactique, les relations psychologiques de l'enfant et la psychologie génétique, les styles pédagogiques, etc.) et un certain nombre de questions touchant plus directement aux questions d'organisation (formation des enseignants, collaboration internationale, réformes de structure et de programme, planification de l'enseignement, etc.).

(RE) **La représentation de l'espace chez l'enfant**
(avec B. Inhelder)

Paris, 1948
Presses Universitaires de France, 576 p.

Analyse du développement de la représentation de l'espace et de certaines opérations sur des éléments spatiaux [d'autres étant décrits dans (GS)].

— Les premières propriétés de l'espace que l'enfant peut se représenter et qu'il sait reproduire sont de type topologique (ouverture, fermeture d'une figure géométrique, inclusion, exclusion d'une figure dans une courbe fermée, etc.) et de type ordinal [avant, après sur une figure continue, relation (ou propriété) «entre», etc.]. Des compléments importants à ces recherches figurent dans (IMM).

— Puis : construction d'un espace projectif, dont témoignent, selon Piaget, la compréhension de projections, sections de volumes, développement des surfaces, de volumes, etc. Un chapitre important porte sur la mise en relation des perspectives relatives à la perception d'un objet complexe (imaginer un paysage, comme il est vu d'en face, de gauche ou de droite, etc.).

— Finalement : passage de l'espace projectif à l'espace euclidien (transformations affinées, similitudes, proportions, systèmes de coordonnées (horizontale-verticale; coordonnées naturelles dans un paysage) et localisation d'objets par rapport aux coordonnées).

— Les conclusions montrent la construction de la représentation de l'espace à partir de la perception et de l'action directe, puis à partir des intuitions spatiales et des opérations infra-logiques.

Compléments : (GS), (IMM), (MI), (EEG XVIII), (EEG XIX). On pourra également compléter son information en consultant un manuel de géométrie approprié.

(RM) La représentation du monde chez l'enfant

Paris, 1926 (1re éd.)
Alcan, 424 p.
(nouv. éd. Paris, 1947)
Presses Universitaires de France

Description et justification de la « méthode clinique » utilisée en psychologie génétique. Recherches sur les explications enfantines de phénomènes naturels.

— La méthode clinique est une forme d'entretien entre l'expérimentateur et son sujet tentant de réunir les avantages de l'entretien libre et la rigueur de la méthode expérimentale et de la méthode des tests.

— Les explications des enfants sont classées en trois grandes catégories, relatives à certaines situations ou objets : réalisme (origines de la pensée, des noms propres, des rêves), artificialisme (origine des corps célestes, de l'eau, des phénomènes météorologiques, des plantes, etc.), animisme (conscience attribuée aux objets inanimés, explication de la vie, etc.).

Compléments :
Pour la méthode clinique : *Avant-propos* à la troisième édition de (JR), 1947; voir également Vinh-Bang, 1966 (*cf.* bibliographie).
Pour les explications causales chez l'enfant : (CP), (EEG XXVI).

(SIP) Sagesse et illusions de la philosophie

Paris, 1965
Presses Universitaires de France, 286 p.

Ouvrage autobiographique et polémique sur les relations entre la philosophie et les sciences. Analyse critique des tendances actuelles de la psychologie philosophique (ou philosophie anthropologique) et la psychologie scientifique et expérimentale.

«... les plus grands systèmes de l'histoire de la philosophie sont tous nés d'une réflexion sur les sciences ou de projets rendant de nouvelles sciences possibles. D'où, d'autre part, un mouvement général de l'histoire des idées philosophiques, qui, nées en un état d'indifférenciation entre les sciences et la métaphysique, tendent peu à peu à se dissocier de cette dernière pour donner naissance à des sciences particulières et autonomes, ainsi que la logique, la psychologie, la sociologie et l'épistémologie comme telle qui est de plus en plus l'œuvre des savants eux-mêmes. Mais en réaction contre cette différenciation inévitable... tout un courant d'idées né au XIXe siècle, seulement... a tendu à restituer à la philosophie un mode de connaissance spécifique et de nature que l'on pourra appeler, selon les positions de chacun, suprascientifique ou parascientifique.» (p. 5-6).

(SP) Six études de psychologie

Genève, 1964
Gonthier (Médiations), 188 p.

Cet ouvrage de «readings» réunit six articles originaux de Piaget parus de 1940 à 1964; il semble tout indiqué pour une première introduction aux méthodes et aux résultats de la psychologie génétique, le style étant assez simple et le vocabulaire peu spécialisé ou technique (d'autant plus qu'il s'agit, en partie, de conférences publiées par la suite).

— Les premiers articles exposent le développement et la pensée de l'enfant, tandis que les articles suivants approfondissent quelques problèmes plus particuliers (équilibration, innéisme et empirisme, les structures en psychologie génétique, etc.).

(ST) Le structuralisme

Paris, 1968
PUF (Que sais-je?), 124 p.

Ce petit ouvrage, de caractère essentiellement théorique présente un «état de la question» en ce qui concerne les tendances structuralistes dans les différentes sciences contemporaines. Exposé informatif et critique.

— Introduction du problème, caractères pertinents d'une structure, tendances au structuralisme, structures mathématiques et logiques.

— Structures et structuralisme en physique, biologie, psychologie, linguistique, sociologie et anthropologie culturelle.

— La pensée structuraliste en philosophie, le structuralisme comme méthode scientifique.

(Tl) Traité de logique

Essai de logistique opératoire

Paris, 1949
A. Colin, 423 p.
Éd. revue et corrigée (sous presse) : *Essai de logique opératoire* (avec la collaboration de J.-B. Grize)
Éd. Dunod, Paris

Cette «esquisse d'une logique des opérations élémentaires», vise d'une part à introduire le débutant (et plus particulièrement le psychologue qui se préoccupe de la genèse des opérations de l'intelligence) au langage formel dont se sert Piaget pour décrire les processus de la pensée, d'autre part à développer les thèses piagétiennes sur les structures de la pensée (réversibilité, systèmes d'ensemble). L'exposé est (mathématiquement) «naïf» ou «intuitif», c'est-à-dire que les structures logiques développées ne sont pas entièrement axiomatisées (et peut-être même pas entièrement axiomatisables).

— Objet et méthodes de la logique, les objets de la logique (propositions, classes, relations); la logique des classes; la logique des relations; les rapports entre la logique des classes, la logique des relations et le nombre.

— Le calcul des propositions; les combinaisons issues de deux ou plusieurs propositions; les mécanismes opératoires de la logique des propositions (groupe INRC).

— Fondements de la déduction; le raisonnement mathématique; quantifications, syllogismes, etc.

Compléments : (CRN), (TOL), (LO); voir également J.-B. Grize dans (LC), *cf.* bibliographie.

(TOL) **Essai sur les transformations des opérations logiques**

Les 256 opérations ternaires de la logique bivalente de propositions
Paris, 1952
Presses Universitaires de France, 239 p.

Cet ouvrage représente la suite de (TL) en approfondissant encore l'analyse des liaisons issues des combinaisons possibles de plusieurs propositions (*cf.* sous-titre de ce livre!). Dans l'avant-propos, Piaget justifie ces développements logistiques : « on n'imagine pas ce que peuvent être la libre composition, la réversibilité et la réciprocité des opérations tant que l'on n'a pas appris à transformer l'un quelconque en un autre quelconque des 256 opérateurs ternaires, par le moyen des substitutions, permutations, négations, additions ou suppressions, etc. On a passé des siècles à retourner en tous sens les 19 modes du syllogisme — première ébauche des 256 opérations ternaires. Quelques heures de réflexion sur le système complet des transformations dont ces inférences font partie ne sauraient être inutiles » (p. XI).

Par ailleurs, Piaget exprime l'espoir que la logique opératoire puisse devenir un jour à la psychologie, ce qu'est la physique mathématique à la physique (autrement dit : que la logique opératoire soit à la logique « pure » ou axiomatique, ce qu'est la physique mathématique aux mathématiques « pures »).

(TPE) **Traité de psychologie expérimentale**
(dirigé par P. Fraisse et J. Piaget)

9 volumes, Paris, 1963-1965
Presses Universitaires de France

Parmi les 9 volumes du « Traité de psychologie expérimentale », nous ne retiendrons que les volumes I, VI et VII qui contiennent quelques mises au point et présentations résumées qui peuvent nous intéresser ici :

— Vol. I (Histoire et méthode), chap. 3, p. 121-152, « L'explication en psychologie et le parallélisme psycho-physiologique », par Piaget (analyse des formes d'explication en psychologie, légalité et causalité, parallélisme psychophysiologique, relations entre la causalité en sciences et l'implication logique).

— Vol. VI (La perception), chap. 18, p. 1-57, «Le développement des perceptions en fonction de l'âge», par Piaget (compte rendu de l'ensemble des recherches piagétiennes sur les mécanismes perceptifs et leur développement).

— Vol. VII (L'intelligence), chap. 23, p. 65-108, «Les images mentales», par Jean Piaget et Bärbel Inhelder (exposé résumé du problème de l'image mentale, de ses formes, des expériences sur son évolution, des relations entre l'image, la perception et la pensée).

— Vol. VII (L'intelligence), chap. 24, p. 109-155, «Les opérations intellectuelles et leur développement», par Jean Piaget et Bärbel Inhelder (présentation synthétique de l'ensemble des recherches sur le développement opératoire de l'enfant, aperçu historico-critique, les facteurs du développement, les notions de conservation, opérations de classification et de sériation, la construction du nombre entier, les opérations infralogiques et le hasard, les opérations formelles).

NOTE

[1] Les titres entre parenthèses se réfèrent au titre du volume, ceux entre guillemets au titre des articles. Le volume EEG IV ne contient qu'un seul article.

Index

En plus des renvois relatifs au présent texte, ce chapitre contient un certain nombre de renvois aux ouvrages de Piaget et à quelques passages choisis. Cet ensemble de renvois n'est nullement exhaustif, il peut cependant servir à un premier approfondissement de l'étude des textes de Piaget. Pour un index plus complet (mais nullement exhaustif lui non plus), le lecteur pourra se référer au «Dictionnaire d'épistémologie génétique» de A.M. Battro (*cf*. p. 121).

*
* *

ABSTRACTION (abstraction simple, abstraction réfléchissante), 41 ss.
ACCOMMODATION, 39 ss.
   Voir : Adaptation.
ACTION, 34 ss.
   Voir : comportement, opération.
ADAPTATION, 36 ss.
   Voir : intelligence.
   Adaptation :
     (BC) p. 200-213 (fonctions et structures de l'a.).
     (NI) p. 19-24 (les structures héréditaires et les théories de l'adaptation).
     (PI) p. 13-15 (nature adaptative de l'intelligence).
   Assimilation :
     (BC) p. 13-15 (l'assimilation cognitive).
     (EEG V) p. 49-108 (assimilation et connaissance).
     (NI) p. 356-367 (la théorie de l'assimilation).

Assimilation-accommodation :
   (CR) p. 307-313, 334-339 (assimilation et accommodation; conclusions).
   (EEG II) p. 73 (assimilation et accommodation sensori-motrices et perceptives).
   Complément :
   « À propos des notions d'assimilation et d'accommodation dans les processus cognitifs », par Y. Hatwell (dans Psychologie et épistémologie génétiques : thèmes piagétiens, Paris, 1966, Dunod, p. 127-136).
APPLICATION (math.), 81 ss.
APPRENTISSAGE (des structures opératoires).
   (EEG VII), (EEG VIII), (EEG IX), (EEG X).
   (BC) p. 209-306 (l'apprentissage de l'« intelligence »).
   — p. 350-381 (les structures et leur signification biologique).
   — p. 382-395 (les connaissances acquises et l'expérience physique).
   Complément : B. Inhelder, H. Sinclair, M. Bovet; à paraître.
ASSIMILATION, 39 ss.
   Voir : Adaptation.
BIOLOGIE, 99 ss.
   (BC)
   (EG III) p. 9-128 (La pensée biologique).
   (EP) p. 59-75 (les conditions biologiques préalables; biogenèse des connaissances).
   (LC) p. 1225-1271 (les courants de l'épistémologie scientifique contemporaine).
   (NI) p. 8-24 (le problème biologique de l'intelligence).
   Complément : (LC) p. 781-923 (Épistémologie de la biologie).
CAUSALITÉ, 93 ss.
   (PE) p. 17-19 (la causalité).
   (RM), (CP).
   (EEG XXV), (EEG XXVI).
   (CR) p. 191-279 (le développement de la causalité sensori-motrice).
CLASSIFICATION, 79 ss.
   Voir : Logico-mathématique (opérations).
CLINIQUE (méthode clinique), 22 ss.
COMPORTEMENT, 33 ss.
   Action :
   (EEG IV) p. 43-44, 47-48 (définitions, etc.).
   Conduite :
   (PI) p. 8.
   (NI) p. 279-287 (la découverte des moyens nouveaux sur expérimentation active; *cf.* également : Conclusions).
   Activité :
   (EEG II) p. 46, 86 (définitions, etc.).
CONCRET (stade des opérations concrètes), 47 ss.
   Voir : Invariants, Opérations.
   Ouvrages de base :
   (GN), (DQ), (RE), (GS), (IH), (GSL), (IMM), (MI), (MV), (NT). Pour la causalité : (EEG XXVI).
   Synthèses :
   (EP) p. 34-45, 46-51 (le premier et le second niveau du stade des opérations concrètes).
   (PE) p. 73-102 (les relations concrètes de la pensée et les relations interindividuelles).
   (PI) p. 166-176 (les opérations concrètes).
   (SP) p. 49-75 (l'enfance de 7 à 12 ans).
CONSERVATION
   Voir : Invariants.
CORRESPONDANCE BIUNIVOQUE, 81 ss.
DÉCALAGE, 49 ss.
   (décalages verticaux, décalages horizontaux : 49 ss.).
DÉVELOPPEMENT (facteurs du), 36 ss.
   Voir : Équilibre, Équilibration, Sociologie.

(BC).
(DQ) p. XXV-XXVI (facteurs susceptibles d'expliquer la genèse des structures).
(EP) p. 59-75 (conditions organiques préalables; biogenèse des connaissances).
(PE) p. 121-126 (les facteurs du développement mental).
(TPE VII) p. 149-153 (interprétation d'ensemble).
(SP) p. 114-131 (le rôle de la notion d'équilibre dans l'explication en psychologie).
ÉPISTÉMOLOGIE, 28 ss.
Voir : Biologie, Logique, Mathématiques, Philosophie, Physique, Sociologie.
Ouvrages de base :
(EGI) à (EGIII), (EEG I) à (EEG XXVI), (LC), (BC), (EP).
Introductions :
(EP), (PEP), (EEG I).
(LC) p. 3-61, 62-132 (introduction et variétés de l'épistémologie, les méthodes de l'épistémologie).
(MP) p. 446-453 (empirisme, apriorisme et interaction entre le sujet et l'objet).
ÉQUILIBRATION, ÉQUILIBRE, 37 ss.
(EEG II) p. 27-113 (logique et équilibre dans les comportements du sujet).
Synthèses :
(BC) p. 48-50, 234-247, 405-409 (facteurs d'équilibration, régulation et équilibration, équilibre organique et équilibre cognitif).
(LC) p. 1139-1146 (les diverses formes d'équilibration).
(PI) p. 61-64 (équilibre et genèse).
(SP) p. 114-131 (le rôle de la notion d'équilibre dans l'explication en psychologie).
Complément :
«développement, régulation et apprentissage», par B. Inhelder (dans Psychologie et épistémologie génétiques : thèmes piagétiens, Paris, 1966, Dunod, p. 177-188).
ESPACE (représentation de l'espace), 86 ss.
Ouvrages de base :
(CR), (RE), (GS), (IMM), (EEG XVIII), (EEG XIX).
Synthèses :
(PE), p. 83-84 (l'espace).
(TPE VII) p. 136-144 (les opérations spacio-temporelles et le hasard).
Épistémologie :
(EG I), (EEG XIV), (EEG XVIII), (EEG XIX).
(LC) p. 403-423, 554-596 (données génétiques, problèmes de l'épistémologie des mathématiques).
EXPLICATIONS, 93 ss.
L'explication enfantine des problèmes physiques, voir : Causalité.
L'explication dans les sciences, (EG I), (EG II), (EG III), (BC), (LC).
L'explication en psychologie, (TPE I) p. 121 ss.
FIGURATIF
Voir : Opérations.
FONCTION (math.), 81 ss.
FONCTION SÉMIOTIQUE, 64 ss.
(EEG II) p. 46-47 (définitions).
Ouvrages de base :
(LP), (FS), (IMM), (MI).
Synthèses :
(EP) p. 20-24 (l'intériorisation de l'action).
(PE) p. 41-72 (la fonction sémiotique).
(TPE VII) p. 65-108 (les images mentales).
Image mentale :
(IMM), (MI).
Imitation :
(FS).
Jeu :
(JM), (FS).

Mémoire :
(MI).
Représentation graphique (dessin) :
(RE).
Langage :
(LP), (JR).
Compléments :
«Le langage et les opérations intellectuelles», par Jean Piaget (dans Problèmes de psycholinguistique, Paris, 1963, PUF, p. 51-61).
«langage et opérations; sous-systèmes linguistiques et opérations concrètes», par H. Sinclair, Paris, 1967, Dunod.
FONCTION SYMBOLIQUE
Voir : Fonction sémiotique.
FORMALISATION (des comportements observés), 29 ss.
FORMEL (stade des opérations formelles) 51 ss., 85 ss., 93 ss.
Ouvrages de base :
(LEA), (IH), (JR), (MV), (NT), (RE), (GS).
Synthèses :
(EEG II) p. 97-102 (les structures opératoires «formelles» ou interpropositionnelles).
(EP) p. 51-58 (les opérations formelles).
(PE) p. 103-120 (le préadolescent et les opérations propositionnelles).
(PI) p. 176-179 (les opérations formelles).
(HTPE VII) p. 144-149 (les opérations propositionnelles ou formelles).
GÉNÉTIQUE (psychologie génétique), 31 ss.
GÉOMÉTRIE, 87 ss.
Voir : Espace.
GROUPE DE DÉPLACEMENT
Voir : Invariant, Sensori-moteur.
(CR).
GROUPES, GROUPEMENTS
Voir : Logique (formalisation du comportement du sujet).
HASARD, 93 ss.
Voir : logico-mathématique.
IMAGE MENTALE, 73 ss.
Voir : Fonction sémiotique.
IMITATION, 67 ss.
Voir : Fonction sémiotique.
INDUCTION, 93 ss.
INFRALOGIQUE (opérations infralogiques), 86 ss.
Voir : Opération.
INTELLIGENCE, 32 ss.
Ouvrages de base :
(NI), (PI), (PE).
Voir : Adaptation, Opération, Sensori-moteur, Concret, Formel.
INVARIANTS, 35 ss., 53 ss.
Objet permanent : 56 ss.
Ouvrage de base :
(CR).
Synthèses :
(EEG II) p. 86-89 (le groupe des déplacements sensori-moteurs et le schème de l'objet permanent).
(PE) p. 15-16 (l'objet permanent).
(PI) p. 130-141 (la construction de l'objet et des rapports spatiaux).
(RE) p. 15-29 (l'espace perceptif et sensori-moteur).
Constances perceptives : 54 ss.
Ouvrage de base :
(MP) p. 261-308 (les constances et les causalités perceptives).

Synthèse :
  (PE) p. 27-30 (constances et causalité perceptives).
  (TPE VI) p. 31-39 (l'évolution des constances perceptives).
Conservation (quantités physiques, quantités géométriques) : 60 ss.
Ouvrages de base :
  (GN, (DQ), (RE), (GS), (IMM), (MI).
Synthèses :
  (EEG II) p. 48-54 (les notions de conservation en tant que structures résultant d'une équilibration progressive).
  (PE) p. 77-78 (notions de conservation).
  (EG II) p. 113-164 (conservation et atomisme).
JEU, 76 ss.
  Voir Fonction sémiotique.
LANGAGE, 75 ss.
  Voir : Fonction sémiotique.
LOGICO-MATHÉMATIQUE (opérations logico-mathématiques), 77 ss.
  Classes, Relations.
  Ouvrages d'ensembles :
    psychogenèse : (GN, (GSL).
    formalisation : (CRN), (TL), (LO).
  Synthèses :
    (PE) p. 79-83 (les opérations concrètes, sériation, classification, nombre).
    (TPE VII) p. 125-136 (les «groupements» de classes et de leurs relations et la construction du nombre).
    [*cf.* également (PI) p. 43-61 (les opérations et leurs «groupements»; la signification fonctionnelle et la structure des «groupements»; classification des «groupements» et des opérations fondamentales de la pensée].
  Fonctions, Applications.
  Ouvrages d'ensemble :
    (GN), (EEG XXIII).
    textes théoriques : (ST) p. 58-62 (structures et fonctions).
    (BC) p. 165-178 (fonctionnement et fonction; fonctions et structures de l'organisation).
  Hasard
  Ouvrages d'ensemble :
    (IH), (LEA).
  Synthèse :
    (PE) p. 86-89 (la représentation de l'univers, causalité et hasard).
    [*cf.* également (LC) p. 616-618 (le hasard)].
  Nombre
  Ouvrages d'ensemble :
    psychogenèse : (GN), (EEG XI), (EEG XIII).
    formalisation : (CRN), (TL).
  Synthèse :
    (EP) p. 40-41 (formalisation du nombre).
    (PE) p. 82-83 (le nombre).
    (TPE VII) p. 125-136 (les «groupements» de classes et de relations et la construction du nombre).
  Complément :
    «Du groupement au nombre, essai de formalisation», par J.-B. Grize (dans EEG XI), p. 69-96.
  Raisonnement récurrentiel, logique naturelle.
  Ouvrages d'ensemble :
    (EEG XVI), (EEG XVII).
  Voir : Formel.
  Épistémologie des mathématiques.
  Ouvrages d'ensemble :
    (EG I), (EEG XIV).

Synthèses :
  (EP) p. 85-97 (épistémologie des mathématiques).
  (LC) p. 403-596 (épistémologie des mathématiques).
  [*cf.* également l'introduction à (EEG XI)].
LOGIQUE (de l'enfant), 78 ss.
  Voir : Logico-mathématique, formel.
  Ouvrages d'ensemble :
    (JR), (GN), (GSL), (LEA).
LOGIQUE (épistémologie de la logique).
  (EG I).
  (EEG XIV) p. 149-175 (les leçons de l'histoire des relations entre la logique et la psychologie).
  (EP) p. 77-85 (épistémologie de la logique).
  (LC) p. 375-399 (épistémologie de la logique).
LOGIQUE (formalisation du comportement du sujet), 29 ss.
  Voir : Logico-mathématique, Formel.
  Ouvrages d'ensemble :
    (CRN), (TL), (TOL), (LO).
  Synthèse :
    (PI) p. 43-61 (les opérations et leurs « groupements »; la signification fonctionnelle et la structure des « groupements »; classification des « groupements » et opérations fondamentales de la pensée).
MATHÉMATIQUES, 77 ss.
  Voir : Logico-mathématique.
MÉMOIRE, 73 ss.
  Voir : Fonction sémiotique.
MESURE, 86 ss.
  Voir : Espace.
  Ouvrage d'ensemble :
    (GS).
  [*cf.* également (MV), (NT)].
MÉTHODE CLINIQUE, 22 ss.
MOUVEMENT, 90 ss.
  Voir : Temps.
  Ouvrage d'ensemble :
    (MV).
  [pour la perception du mouvement, voir également (MP) p. 309-350 (la perception du mouvement, de la vitesse et du temps)].
NOMBRE, 84 ss.
  Voir : Logico-mathématique.
  Ouvrages de base :
    (GN), (CRN), (TL), (EEG XI), (EEG XIII).
OPÉRATIF
  Voir : opération.
OPÉRATION, 34 ss.
  Voir : Sensori-moteur, Concret, Formel, Préopératoire, Fonction sémiotique, Stade.
  (EEG II) p. 44-45 (définitions).
  Synthèses :
    (PR) p. 73-76 (les trois niveaux du passage de l'action à l'opération).
    (PI) p. 43-49, 142-185 (les opérations et leurs groupements; l'élaboration de la pensée, intuition et opérations).
  Régulations :
    (BC) p. 37-50 (hypothèse directrice sur les relations entre les fonctions cognitives et l'organisation vitale).
    (EP) p. 71-75 (les autorégulations).
    (PI) p. 199-207 (rythmes, régulations et groupements).
  Régulations / Équilibration : voir : Équilibration.
    (BC) p. 234-247 (les régulations et l'équilibration).
    (EEG II).

Opérations logiques et infralogiques : 78 ss.
    (EEG IV) p. 60-61 (définitions).
    (EP) p. 46-51 (le second niveau des opérations concrètes).
Opératif / Figuratif :
    (MI) p. 464-482 (les aspects figuratifs et opératifs du souvenir et le problème de l'unité fonctionnelle de la mémoire).
    (MP) p. 441-446 (l'aspect figuratif et l'aspect opératif de la connaissance).
    (PI) p. 179-183 (la hiérarchie des opérations et leur différenciation progressive).
Complément :
    «Développement, régulation et apprentissage», par B. Inhelder (dans Psychologie et épistémologie génétiques, thèmes piagétiens, Paris, 1966, Dunod, p. 177-188).
PÉDAGOGIE, 96 ss.
PERCEPTION, 69 ss.
Ouvrage d'ensemble :
    (MP).
Synthèses :
    (PE) p. 26-40 (le développement des perceptions).
    (PI) p. 65-104 (l'intelligence et la perception).
    (TPE VI) p. 1-57 (le développement des perceptions en fonction de l'âge).
PHYSIQUE, 86 ss.
    Voir : Espace, Invariant, Temps, Causalité, Formel.
Épistémologie de la physique :
Ouvrages d'ensemble :
    (EG II), (EEG XVIII), (EEG XIX), (EEG XX), (EEG XXI), (EEG XXV), (EEG XXVI), (LC) p. 599-778 (Épistémologie de la physique).
Synthèse :
    (EP) p. 97-110 (épistémologie de la physique).
PRÉOPÉRATOIRE (niveau ou «stade» préopératoire), 47 ss.
    Voir : Fonction sémiotique, Concret, Logico-mathématique, Espace, Invariant, Temps, Causalité.
Synthèses :
    (EP) p. 20-34 (le premier niveau de la pensée préopératoire; le second niveau de la pensée préopératoire).
    (PE) p. 73-76 (les trois niveaux de passage à l'action de l'opération).
    (PI) p. 148-166 (la pensée symbolique et préconceptuelle; la pensée intuitive).
PSYCHOLOGIE GÉNÉTIQUE, 31 ss.
RÉGULATIONS, 40 ss.
    Voir : Opérations, Équilibration.
REPRÉSENTATION
Représentation : voir : Fonction sémiotique.
Représentation de l'espace : voir : Espace.
RYTHME, 40 ss.
    Voir : Opération, Équilibration.
SÉRIATION, 81.
    Voir : Logico-mathématique (Classes, relations).
SCHÈME, 64.
    Voir : Sensori-moteur, Comportement.
SENSORI-MOTEUR, 44.
Ouvrages d'ensemble :
    (NI), (CR), (FS).
Synthèses :
    (BC) p. 296-300 (les conduites sensori-motrices du nourrisson).
    (EP) p. 13-19 (les niveaux sensori-moteurs).
    (NI) p. 311-367 (l'intelligence sensori-motrice ou «pratique» et les théories de l'intelligence).
    (PE) p. 7-26 (le niveau sensori-moteur).
    (PI) p. 105-141 (l'habitude et l'intelligence sensori-motrice).
    (SP) p. 15-25 (le nouveau-né et le nourrisson).

Assimilation / Accommodation : voir : Adaptation.
Espace / Objet permanent : voir : Invariant.
Temps : voir : Temps.
Causalité : voir : Causalité.
SOCIOLOGIE, 98 ss.
   Ouvrages d'ensemble :
      (LP), (JM), (EG III), (ES).
      (LC) p. 927-1146 (épistémologie des sciences humaines).
   Synthèses :
      (PE) p. 89-101 (les interactions sociales et affectives; sentiments et jugements moraux).
      (PI) p. 186-197 (les deux facteurs sociaux du développement intellectuel).
      (ST) p. 82-100 (l'utilisation des structures dans les études sociales).
STADES, 42 ss.
   pour les références bibliographiques, voir tabl. 3 et 4 p. 45-46.
STRUCTURE, 29 ss.
   (BC) p. 163-165 (définition des structures).
   (ST) p. 5-16 (introduction et position des problèmes).
   Structures opératoires, structures de l'intelligence, structures génétiques
      (DQ), (GSL).
      (EEG II) p. 28-117 (structures opératoires et équilibre; l'équilibre et le développement des structures logiques).
      (EEG XIV) p. 176-204 (le problème des structures).
SYMBOLE, SYMBOLIQUE (Fonction symbolique).
   Voir : Fonction sémiotique.
TEMPS, 89 ss.
   Psychogenèse des notions et des opérations relatives au temps, au mouvement, à la vitesse
   Ouvrages d'ensemble :
      (CR), (NT), (MV), (EEG XX), (EEG XXI).
   Synthèses :
      (LC) p. 599-622 (les données génétiques de l'épistémologie physique).
      (PE) p. 85-86 (temps et vitesse).
      [voir également (EP) p. 46-51 (le second niveau des opérations concrètes)].
   Perception du temps, du mouvement et de la vitesse.
   Ouvrage d'ensemble :
      (MP) p. 309-350 (la perception du mouvement, de la vitesse et du temps).
   Épistémologie du temps, du mouvement et de la vitesse.
      (EG II) p. 10-112 (nature des notions cinématiques et mécaniques : le temps, la vitesse et la force).
      (EEG XX), (EEG XXI).
      [voir également (LC) p. 599-778 (épistémologie de la physique)].
VITESSE, 90 ss.
   Voir : Temps.
   Perception de la vitesse :
      (MP) p. 309-350 (la perception du mouvement, de la vitesse et du temps).

Bibliographie

1. Choix d'ouvrages sur l'œuvre piagétienne

BATTRO, A.M., *El pensiamento de Jean Piaget. Psycologia y epistemologica*, Buenos Aires, etc., 1969 (Emecé), 381 p.
Très remarquable introduction à la pensée et à l'œuvre psychologique et épistémologique de Piaget. L'articulation de l'ouvrage est originale, mais exceptionnellement claire et transparente. Bibliographie très complète.

BEARD, R.M., *An outline of Piaget's developmental psychology for students and teachers*, London, 1969 (Routledge & Kegan Paul), 128 p.
Introduction élémentaire assez utilisable pour le débutant.

BOYLE, D.G., *A student's guide to Piaget*, Oxford, etc., 1969 (Pergamon Press), 156 p.
Introduction «élémentaire» assez éclectique qui reste assez fortement attachée aux diverses tentatives de formalisation piagétiennes, mais sans que leur nécessité n'apparaisse clairement. Des efforts louables ont été faits pour tenir compte des développements épistémologiques. La mince bibliographie est inutilisable.

BREARLEY, M., HITCHFIELD, E., *A teacher's guide to reading Piaget*, London, 1966 (Routledge & Kegan Paul), 171 p.
Cette petite introduction sans prétentions vise à sensibiliser le lecteur aux méthodes et au style de Piaget en exposant de façon assez détaillée quelques expériences choisies (quelques protocoles cités *in extenso* sont également inclus). Peut servir de point de départ mais pas d'instrument de travail.

DESBIENS, J.-P., *Introduction à un examen philosophique de la psychologie de Jean Piaget*, Fribourg, 1968 (Travaux de psychologie, pédagogie et orthopédagogie, vol. 7, université de Fribourg), 196 p.
Ouvrage hors ligne, puisque l'auteur — après avoir exposé les aspects essentiels de l'œuvre piagétienne au plan psychologique — essaie de mettre en relation les tendances de la psychologie génétique et celles de la psychologie philosophique. Une réponse anticipée de Piaget à ce genre d'effort se trouve dans (SIP).

ELKIND, D., *Children and adolescents, Interpretative essays on Jean Piaget*, New York, etc., 1970 (Oxford Univ. Press), 160 p.
Collection d'articles introductifs, critiques, de mise au point, etc. Ce livre n'est pas un ouvrage d'ensemble mais il donne, néanmoins, une très bonne introduction (partiellement élémentaire) à l'œuvre piagétienne.

FILIGRASSO, N., *L'evoluzione del pensiero logico in Jean Piaget*, Urbino, 1967 (Edizioni dell'aquilone), 107 p.
Réimpression d'un cours introductif à la psychologie génétique dispensé en 1966-1967. Élémentaire et assez superficiel.

FLAVELL, J., *The developmental psychology of Jean Piaget*, Princeton, 1963 (D. van Nostrand), 472 p.
Présentation résumée, mais très complète, des travaux psychologiques de Piaget et de ses collaborateurs. L'auteur sépare les aspects théoriques des faits rapportés de façon un peu arbitraire, mais cela permet de comprendre les faits par eux-mêmes et sans nécessairement passer par les interprétations (ce qui convient à de nombreux lecteurs anglo-saxons). La bibliographie n'est pas exhaustive, mais très détaillée et utilisable. Flavell s'est essentiellement centré sur les contributions psychologiques, aux dépens des autres volets de production.

FURTH, H.G., *Piaget and knowledge (theorical foundations)*, Englewood Cliffs, N.J., 1968 (Prentice-Hall), 270 p.
Étude théorique et critique de l'ensemble de l'œuvre de Piaget, très lucide et intelligente. La lecture de l'ouvrage n'est pas tout à fait facile et demande, en fait, une connaissance préalable de l'œuvre piagétienne pour saisir les points de divergence, mais cela vaut l'effort. Des extraits de quelques ouvrages de Piaget ou de ses collaborateurs, un mince glossaire, un index et une bibliographie très partielle complètent l'ouvrage.

GINSBURG H., OPPER S., *Piaget's theory of intellectual development*, An introduction, Englewood Cliffs, N.J., 1969 (Prentice-Hall), 237 p.
Très bon résumé, partiellement critique, des principales contributions piagétiennes à la psychologie génétique. Les auteurs se centrent essentiellement sur le développement des opérations logico-mathématiques (mais ils tiennent compte des anciennes recherches sur le langage, le raisonnement, la causalité) et des conduites sensori-motrices, en négligeant en grande partie le développement des opérations infralogiques. L'absence d'une bibliographie articulée est une sérieuse lacune qui n'est que partiellement compensée par les notes et par un index assez détaillé. L'ouvrage sur le passage de la logique de l'enfant à la logique de l'adolescent (LEA) est exceptionnellement clairement présenté.

LERBET G., *Piaget*, Paris, 1970 (Editions universitaires, coll. psychothèques, vol. 7), 139 p.
Introduction très élémentaire et très condensée aux principaux aspects de l'œuvre de Piaget. Le fait que l'auteur s'appuie souvent sur un ouvrage unique pour résumer tel ou tel autre aspect du développement conduit à quelques incohérences et même à quelques erreurs d'interprétation, pourtant excusables si l'on considère le volume réduit de l'ouvrage. Le glossaire ne peut que difficilement répondre aux besoins du lecteur vraiment intéressé, du fait que les citations rapportées sont extraites de façon trop arbitraire.

PETTER, G., *Die geistige Entwicklung des Kindes im Werk von Jean Piaget*, Bern, etc., 1966 (Huber & Co.), 367 p.
La version originale est en italien : *Lo sviluppo mentale nelle ricerche di Jean Piaget*, Florence, 1960 (éd. Universitaria), 495 p.
Résumé fidèle et assez détaillé des principaux ouvrages piagétiens d'avant 1960, relatifs à la pensée de l'enfant et de l'adolescent. Dans sa préface, Piaget critique l'absence d'analyse des structures formelles qui caractérisent la pensée de l'enfant et le manque d'ouverture de l'ouvrage sur les problèmes de l'épistémologie. Critique justifiée, mais il faut rappeler que cet ouvrage est essentiellement destiné aux psychologues et aux pédagogues et qu'il atteint ce but. Le langage est un peu lourd, l'absence de bibliographie est regrettable (les notes en bas de page sont un peu insuffisantes), mais l'index est assez utile, de même que la table des matières détaillée.

PHILLIPS, J.Jr., *The origins of intellect; Piaget's theory*, San Francisco, 1969 (W.H. Freeman & Co.), 149 p.
Introduction élémentaire au développement des fonctions cognitives selon un choix raisonnable d'ouvrages de Piaget. Les données sont souvent résumées sous forme de schémas synoptiques, tables, graphiques, etc., faciles à comprendre. La bibliographie ne permet guère au lecteur d'approfondir ses connaissances de façon autonome.

RICHMOND, P.G., *An introduction to Piaget*, London, 1970 (Routledge & Kegan Paul), 120 p.
Introduction simple («pour pédagogues») aux concepts principaux de la psychologie génétique et exposé de quelques recherches importantes (situations clairement décrites

et illustrées, extraits de protocoles). Importante analyse des exploitations pédagogiques des contributions de la psychologie des fonctions cognitives.

Ouvrages collectifs

ELKIND, D., FLAVELL, J. (eds), *Studies in cognitive development : essays in honor of Jean Piaget*, New York, etc., 1969 (Oxford University Press), 503 p.
Collection d'articles (théoriques, expérimentaux, tentatives d'application pédagogique) en l'honneur du 70ᵉ anniversaire de Piaget. Les contributeurs sont représentatifs des interprètes principaux de l'œuvre piagétienne sur le plan psychologique, du moins pour les régions anglo-saxonnes (avec quelques contributions provenant de l'École de Genève). Permet de comprendre quelques-unes des extrapolations à partir de contributions de la psychologie génétique.

RIPPLE, R.E., ROCKCASTLE, V.N. (eds), *Piaget rediscovered* (Report of the conference on cognitive studies and curriculum development), Ithaca, N.Y., 1964 (Cornell University Press), *Journal of Research in Science Teaching*, vol. 2, n° 3.
Série de conférences (incluant quelques exposés de Piaget lui-même) visant essentiellement à établir la portée pédagogique des recherches piagétiennes. Excellent complément de (PP).

SIGEL, I.E., HOOPER, F.F. (eds), *Logical thinking in children : research based on Piaget's theory*, New York, 1968 (Holt, Rinehart & Winston), 541 p.
Collection d'articles de recherches effectuées dans la perspective piagétienne sur le développement des opérations logicomathématiques.

Jean Piaget et les sciences sociales (ouvrage collectif), Genève, 1966 (Librairie Droz; Cahiers Vilfredo Pareto, *Revue européenne d'histoire des sciences sociales*, n° 10), 159 p.
Collection d'articles en l'honneur du 70ᵉ anniversaire de Jean Piaget contenant (outre une bibliographie des publications piagétiennes, signée par B. Inhelder) une série d'essais plutôt théoriques sur les relations entre les travaux de Piaget et les différents domaines des sciences humaines (philosophie, logique, linguistique, sociologie, droit, etc.), ainsi que la dernière version de l'autobiographie piagétienne.

Psychologie et épistémologie génétiques : thèmes piagétiens (ouvrage collectif), Paris, 1966 (Dunod), 421 p.
Collection d'articles théoriques et expérimentaux publiée en l'honneur du 70ᵉ anniversaire de Piaget. Les 34 articles portent sur des sujets aussi divers que : questions de méthode, épistémologie et logique du sujet, facteurs et régulation du développement, apprentissage et rôle de l'expérience, perception et connaissance, perspectives pédagogiques, aspects cliniques, épistémologie et sciences sociales, connaissance et biologie. On trouve, en plus, une bibliographie des publications piagétiennes.

2. Autobiographies de Jean Piaget

PIAGET, J., Autobiography, dans *History of psychology in autobiography* (éd. par E.G. Boring *et al.*), vol. 4, Worcester, Mass., 1952 (Clark University Press), p. 237-256.

PIAGET, J., Les modèles abstraits sont-ils opposés aux interprétations psychophysiologiques dans l'explication en psychologie ? Esquisse et autobiographie intellectuelle (avec photo et manuscrit fac-similé), *Bulletin de Psychologie*, 1959-1960, 13 (1-2), n° 169, p. 7-13.

PIAGET, J., *Sagesse et illusions de la philosophie* (en particulier chap. 1), Paris, 1965 (Presses Universitaires de France), 286 p.

PIAGET, J., Autobiographie, dans *Jean Piaget et les sciences sociales*, Cahiers Vilfredo Pareto (*Revue européenne d'histoire des sciences sociales*, n° 10), 1966, p. 129-159 (il s'agit d'une réimpression traduite en français du texte de 1952, avec un complément pour 1959-1960).

3. Collections dirigées par Jean Piaget

Nous ne mentionnerons que deux collections particulièrement importantes.

ARCHIVES DE PSYCHOLOGIE. Genève (Laboratoire de psychologie, université de Genève, Palais Wilson, CH-1200, Genève 14).
Fondée en 1901, cette revue a publié entre 1942 et 1961 une importante série d'articles originaux sur le développement des mécanismes perceptifs, résumés par Piaget lui-même dans (MP), Piaget J., The mechanisms of perception (traduit par G.N. Seagrim), Londres, 1969 (Routledge & Kegan Paul), 384 p.).

ÉTUDES D'ÉPISTÉMOLOGIE GÉNÉTIQUE. (EEG), Paris (Presses Universitaires de France).
Paraissant depuis 1956, cette collection est consacrée aux travaux du Centre international d'épistémologie génétique (université de Genève), dirigé également par Piaget. On y trouve des mises au point théoriques importantes et un certain nombre de compléments aux recherches antérieures de Piaget et de ses collaborateurs. Dans les compte rendus (chap. 6) nous ne mentionnons que quelques articles de Piaget lui-même. Dans les itinéraires (chap. 5) et dans l'index (chap. 7), par contre, nous renvoyons à l'ensemble de ces «Études». Dans certains domaines celles-ci constituent, en effet, un complément indispensable.

Dans cette bibliographie nous ne mentionnerons que les titres des volumes, ainsi que les principaux auteurs. D'une manière générale, les titres suffisent à définir grossièrement dans quel domaine se situe l'ouvrage.

Volume I : *Épistémologie génétique et recherche psychologique*, par W.E. BETH, W. MAYS et J. PIAGET, 1957.

Volume II : *Logique et équilibre*, par L. APOSTEL, B. MANDELBROT et J. PIAGET, 1957.

Volume III : *Logique, langage et théorie de l'information*, par L. APOSTEL, B. MANDELBROT et A. MORF, 1957.

Volume IV : *Les liaisons analytiques et synthétiques dans les comportements du sujet*, par L. APOSTEL, W. MAYS, A. MORF et J. PIAGET avec la collaboration de B. MATALON, 1957.

Volume V : *La lecture de l'expérience*, par A. JONCKHEERE, B. MANDELBROT et J. PIAGET, 1958.

Volume VI : *Logique et perception*, par J.S. BRUNER, F. BRESSON, A. MORF et J. PIAGET, 1958.

Volume VII : *Apprentissage et connaissance*, par P. GRÉCO et J. PIAGET, 1959.

Volume VIII : *Logique, apprentissage et probabilité*, par L. APOSTEL, A.R. JONCKEERE, B. MATALON, 1959.

Volume IX : *L'apprentissage des structures logiques*, par A. MORF, J. SMEDSLUND, VINH-BANG et J.F. WOHLWILL, 1959.

Volume X : *La logique des apprentissages*, par M. GOUSTARD, P. GRÉCO, B. MATALON et J. PIAGET, 1959.

Volume XI : *Problèmes de la construction du nombre*, par P. GRÉCO, J.-B. GRIZE, S. PAPERT et J. PIAGET, 1960.

Volume XII : *Théorie du comportement et opérations*, par D.E. BERLYNE et J. PIAGET, 1960.

Volume XIII : *Structures numériques élémentaires*, par P. GRÉCO et A. MORF, 1962.

Volume XIV : *Épistémologie mathématique et psychologique, essai sur les relations entre la logique formelle et la pensée réelle*, par E.W. BETH et J. PIAGET, 1961 (avec une note de J.-B. GRIZE).

Volume XV : *La filiation des structures*, par L. APOSTEL, J.-B. GRIZE, S. PAPERT et J. PIAGET, 1963.

Volume XVI : *Implication, formalisation et logique naturelle*, par E.W. BETH, J.-B. GRIZE, R. MARTIN, B. MATALON, A. NAESS et J. PIAGET, 1962.

Volume XVII : *La formation des raisonnements récurrentiels*, par P. GRÉCO, B. INHELDER, B. MATALON et J. PIAGET, 1963.

Volume XVIII : *L'épistémologie de l'espace*, par VINH-BANG, P. GRÉCO, J.-B. GRIZE, Y. HATWELL, J. PIAGET, G.N. SEAGRIM et E. VURPILLOT, 1964.

Volume XIX : *Conservations spatiales*, par VINH-BANG et E. LUNZER, 1965.

Volume XX : *L'épistémologie du temps*, par J.-B. GRIZE, K. HENRY, M. MEYLAN-BACKS, F. ORSINI, J. PIAGET, et N. VAN DEN BOGAERT-ROMBOUTS, 1966.

Volume XXI : *Perception et notion de temps*, Par M. BOVET, P. GRÉCO, S. PAPERT et G. VOYAT, 1967.

Volume XXII : *Cybernétique et épistémologie*, par G. CELÉRIER, S. PAPERT, et G. VOYAT, 1968.

Volume XXIII : *Épistémologie et psychologie de la fonction*, par J. PIAGET, J.-B. GRIZE, A. SZEMINSKA, VINH-BANG et six collaborateurs, 1968.

Volume XXIV : *Épistémologie et psychologie de l'identité*, par J. PIAGET, H. SINCLAIR, VINH-BANG et cinq collaborateurs, 1968.

Volume XXV : *Les théories de la causalité*, par M. BUNGE, F. HALBWACHS, Th.S. KUHN, J. PIAGET et L. ROSENFELD, 1971.

Volume XXVI : *Les explications causales*, par J. PIAGET et R. GARCIA, 1971.

4. Ouvrages cités

a) Ouvrages de Jean Piaget

Le langage et la pensée chez l'enfant, (LP), Neuchâtel, 1923 (Delachaux et Niestlé).

Le jugement et le raisonnement chez l'enfant, (JR), Neuchâtel, 1924 (Delachaux et Niestlé).

La représentation du monde chez l'enfant, (RM), Paris, 1926 (Alcan) (nouvelle éd., Presses Universitaires de France, 1947).

La causalité physique chez l'enfant, (CP), Paris, 1927 (Alcan).

L'adaptation de la *Limnaea stagnalis* aux milieux lacustres de la Suisse romande, *Revue suisse de zoologie*, 1929, 36, p. 3-6 [cité d'après (BC)].

Les races lacustres de la *Limnaea stagnalis*. Recherches sur les rapports de l'adaptation héréditaire avec le milieu, *Bull. biologique de la France et de la Belgique*, 1929, 63, p. 424-455 [cité d'après (BC)].

Les deux directions de la pensée scientifique. Leçon d'ouverture donnée le 26 avril 1929 en la chaire d'histoire de la pensée scientifique de la faculté des sciences de l'université de Genève, *Arch. des sciences physiques et naturelles*, 1929, 5e pér., vol. II, p. 145-162.

Le jugement moral chez l'enfant, (JR) Paris, 1932 (Alcan), (nouvelle éd., Presses Universitaires de France, 1957).

La naissance de l'intelligence chez l'enfant, (NI), Neuchâtel, 1936 (Delachaux et Niestlé).

La construction du réel chez l'enfant, (CR), Neuchâtel, 1937 (Delachaux et Niestlé).

Classes, relations et nombres. Essai sur les groupements de la logistique et sur la réversibilité de la pensée, (CRN), Paris, 1942 (Vrin).

La formation du symbole chez l'enfant, (FS), Neuchâtel, 1946 (Delachaux et Niestlé).

Le développement de la notion de temps chez l'enfant, (NT), Paris, 1946 (Presses Universitaires de France).

Les notions de mouvement et de vitesse chez l'enfant, (MV), Paris, 1946 (Presses Universitaires de France).

La psychologie de l'intelligence, (PI), Paris, 1947 (Colin).

Traité de logique; essai de logistique opératoire, (TL), Paris, 1949 (Colin) [nouvelle édition, révisée en collaboration avec J.-B. Grize : *Essai de logistique opératoire*, sous presse (Dunod)].

Le problème neurologique de l'intériorisation des actions en opérations réversibles, *Arch. de psychologie*, 1949, XXXII, 128, p. 241-258.

Introduction à l'Épistémologie génétique, (EG), Paris, 1950 (Presses Universitaires de France).
Tome I : *La pensée mathématique*.
Tome II : *La pensée physique*.
Tome III : *La pensée biologique, la pensée psychologique et la pensée sociologique*.

Essai sur les transformations des opérations logiques. Les 256 opérations ternaires de la logique bivalente des propositions, (TOL), Paris, 1952 (Presses Universitaires de France).

Logic and Psychology, (LO), Manchester, 1953 (Manchester University Press).

Les relations entre l'affectivité et l'intelligence dans le développement mental de l'enfant, Paris, 1954, (CDU) (sténographie d'un cours de Sorbonne, éd. ronéotypée).

Les stades du développement intellectuel de l'enfant et de l'adolescent, dans *Le problème des stades en psychologie de l'enfant*, IIIe Symp. de l'Ass. de psych. scient. de langue française (Genève, 1955), Paris, 1956 (Presses Universitaires de France), p. 33-42.

Les mécanismes perceptifs. Modèles probabilistes, analyse génétique, relations avec l'intelligence, (MP), Paris, 1961 (Presses Universitaires de France).
Traduction anglaise (par G.N. Seagrim) : *The mechanisms of perception*, Londres, 1969 (Routledge & Kegan Paul).

L'explication en psychologie et le parallélisme psychologique, dans *Traité de psychologie expérimentale*, (TPE), vol. I, Paris, 1963 (Presses Universitaires de France), p. 121-152.

Le développement des perceptions en fonction de l'âge, dans *Traité de psychologie expérimentale*, (TPE), vol. VI, Paris, 1963 (Presses Universitaires de France), p. 1-57.

Le langage et les opérations intellectuelles, dans *Problèmes de psycholinguistique*, Symposium de l'Ass. de psych. scient. de langue française (Neuchâtel, 1962), Paris, 1963 (Presses Universitaires de France), p. 51-61.

Six études en psychologie, (SP) (choix d'articles), Genève, 1964 (Gonthier).

Sagesse et illusions de la philosophie, (SIP), Paris, 1965 (Presses Universitaires de France).

Études sociologiques, (ES) (choix d'articles), Genève, 1965 (Droz).

Observations sur le mode d'insertion et la chute des rameaux secondaires chez les Sedum, Genève, 1966 (Candollea) (cité d'après (BC)).

Biologie et connaissance, (BC), Paris, 1967 (Gallimard).

Le structuralisme, (ST), Paris, 1968 (Presses Universitaires de France).

Psychologie et pédagogie, (PP), Paris, 1969 (Denoël) (choix d'articles).

Psychologie et épistémologie, (PEP) (choix d'articles), Paris, 1970 (Denoël).

L'épistémologie génétique, (EP), Paris, 1970 (Presses Universitaires de France).

b) *Ouvrages de Jean Piaget en collaboration avec d'autres auteurs (ordre chronologique)*[1]

(avec A. Szeminska), *La genèse du nombre chez l'enfant*, (GN), Neuchâtel, 1941 (Delachaux et Niestlé).

(avec B. Inhelder), *Le développement des quantités chez l'enfant*, (DQ), Neuchâtel, 1941 (Delachaux et Niestlé), deuxième éd., 1962, *Le développement des quantités physiques chez l'enfant* (Delachaux et Niestlé).

(avec B. Inhelder et A. Szeminska), *La géométrie spontanée de l'enfant*, (GS), Paris, 1948 (Presses Universitaires de France).

(avec B. Inhelder), *La représentation de l'espace chez l'enfant*, (RE), Paris, 1948 (Presses Universitaires de France).

(avec B. Inhelder), *La genèse de l'idée du hasard chez l'enfant*, (IH), Paris, 1951 (Presses Universitaires de France).

De la logique de l'enfant à la logique de l'adolescent, (LEA), par B. Inhelder et J. Piaget, Paris, 1955 (Presses Universitaires de France).

(avec B. Inhelder), *La genèse des structures logiques élémentaires; classifications et sériations*, (GSL), Neuchâtel, 1959 (Delachaux et Niestlé).

(avec B. Inhelder), Les images mentales, dans *Traité de psychologie expérimentale*, (TPE), vol. VII, Paris, 1963 (Presses Universitaires de France), p. 65-108.

(avec B. Inhelder), Les opérations intellectuelles et leur développement, dans *Traité de psychologie expérimentale*, (TPE), vol. VII, Paris, 1963 (Presses Universitaires de France), p. 109-155.

(avec B. Inhelder), *La psychologie de l'enfant*, (PE), Paris, 1966 (Presses Universitaires de France).

(avec B. Inhelder et d'autres collaborateurs), *L'image mentale chez l'enfant. Étude sur le développement des représentations imagées*, (IMM), Paris, 1966 (Presses Universitaires de France).

(ouvrage dirigé par J. Piaget, collaborateurs multiples), *Logique et connaissance scientifique*, (LC), Paris, 1967 (Gallimard).

(avec B. Inhelder), *Mémoire et intelligence*, (MI), Paris, 1968 (Presses Universitaires de France).

c) *Ouvrages d'autres auteurs*[2]

BATTRO, A.M., *Dictionnaire d'épistémologie génétique*, Paris, 1966 (Presses Universitaires de France), Dordrecht, 1966 (Reidel).

ENGLISH, H.B., ENGLISH, A.C., *A comprehensive dictionnary of psychological and psychoanalytical terms*, Londres, etc., 1958 (Longmans).

GRÉCO, P., *cf.* EEG XI, XIII, XVII, XVIII, XXI.

GRIZE, J.-B., *cf.* EEG XI, XV, XVI, XVIII, XX.

GRIZE, J.-B., Note sur la notion de groupement, *Arch. de psychologie*, XL, 159 (1966-1969), p. 51-54.

GRIZE, J.-B., Logique : historique, logique des classes et des propositions, logique des prédicats, logiques modales, dans *Logique et connaissance scientifique* (dir. J. Piaget), Paris, 1967 (Gallimard), p. 135-289.

HATWELL, Y., A propos des notions d'assimilation et d'accommodation dans les processus cognitifs, dans *Psychologie et épistémologie génétiques, thèmes piagétiens*, Paris, 1966 (Dunod), p. 127-136.

INHELDER, B., Bibliographie des écrits de Jean Piaget, dans *Jean Piaget et les sciences sociales*, Cahiers Vilfredo Pareto (*Revue européenne d'histoire des sciences sociales*, n° 10), Genève, 1966 (Droz), p. 106-128 [voir également *Psychologie et épistémologie génétiques, thèmes piagétiens*, Paris, 1966 (Dunod), p. 7-38)].

INHELDER, B., Développement, régulation et apprentissage, dans *Psychologie et épistémologie génétiques, thèmes piagétiens*, Paris, 1966 (Dunod), p. 177-188.

INHELDER, B., (avec J. Piaget), *De la logique de l'enfant à la logique de l'adolescent*, Paris, 1955 (Presses Universitaires de France).

JENSEN, A.R., How much can we boost IQ and scholastic achievement?, *Harvard Educ. Rewiew*, 39, I, hiver 1969. Réimpression avec un ensemble de discussions critiques par d'autres auteurs et une réponse de Jensen dans *Environment, heredity and intelligence*, Cambridge, Mass., 1969 (reprint series from *Harvard Educ. Rev.*, n° 2).

KANT, I., *Immanuel Kants Logik, ein Handbuch zu Vorlesungen*, Königsberg, 1800 (1re éd.).

LAMBERCIER, M., La constance des grandeurs en comparaisons sériales, *Arch. de psychologie*, 1946, 31, p. 82-282.

LAMBERCIER, M., La configuration en profondeur dans la constance des grandeurs, *Arch. de psychologie*, 1946, 31, p. 287-325.

LENNEBERG, E.H., *Biological foundations of language*, New York, etc., 1967 (Wiley).

LUQUET, G., *Le dessin enfantin*, Paris, 1927 (Alcan).

McGUIGAN, F.J., (éd.), *Thinking : studies of covert language processes*, New York, 1966 (Appleton).

MICHOTTE, A., *La perception de la causalité*, Louvain, 1954 (2e éd.), (Publications universitaires, Louvain, Nauwelaerts).

MORF, A., *cf.* EEG IV, VI, IX, XIII.

OSTERRIETH, P. et al., *Le problème des stades en psychologie de l'enfant*, IIIe Symposium de l'Association de psychologie scientifique de langue française (Genève, 1955), Paris, 1956 (Presses Universitaires de France).

PIÉRON, H., *Vocabulaire de psychologie*, Paris, 1957 (2e éd.) (Presses Universitaires de France).

DE SAUSSURE, F., *Cours de linguistique générale*, Paris, 1915 (Payot).

SINCLAIR-DE ZWART, H., *Langage et opérations, sous-systèmes linguistiques et opérations concrètes*, Paris, 1967 (Dunod).

VINH-BANG, *cf.* EEG IX, XVIII, XIX, XXIII, XXIV.

VINH-BANG, La méthode clinique et la recherche en psychologie de l'enfant, dans *Psychologie et épistémologie génétiques, thèmes piagétiens*, Paris, 1966 (Dunod), p. 67-81.

WITZ K.G., On the structure of Piaget's grouping I, *Arch. de psychologie*, 1966-1969, XL, 159, p. 37-49.

5. Bibliographies des ouvrages de Jean Piaget
cf. partie 4.c) de ce chapitre (Inhelder B.)

Le lecteur qui s'intéresse également à la littérature secondaire et aux travaux conduits par d'autres auteurs dans la lignée piagétienne pourra se mettre en rapport avec l'organisme suivant qui s'efforce de centraliser et de coordonner les données bibliographiques appropriées : « Archives de l'École de Genève » (École de psychologie et des sciences de l'éducation), Palais Wilson, 52, rue des Pâquis ; CH-1200, Genève 14, Suisse.

NOTES

[1] Les références relatives aux études d'épistémologie génétique n'ont pas été reprises ici. Le lecteur pourra se référer à la partie 3 de cette bibliographie et aux comptes rendus p. 137 ss.

[2] Les références à des articles parus dans les Études d'épistémologie génétique ne sont pas reprises ici. Le lecteur pourra se référer à la partie 3 de cette bibliographie et aux indications dans le texte. Pour les textes importants nous renvoyons par le sigle « *cf.* EEG... ».

Table des matières

Abréviations des ouvrages fréquemment cités 5

Chapitre 1
MODE D'EMPLOI

Articulation de l'ouvrage 10

Chapitre 2
INTRODUCTION

1. Pourquoi un tel ouvrage ? 13

2. Objectifs de l'ouvrage 14

Chapitre 3
SURVOLS PIAGÉTIENS : L'HOMME ET SON ŒUVRE

A. Éléments chronologiques de l'œuvre de Jean Piaget 17
1. *Années de formation, premières recherches scientifiques* 20
2. *Recherches sur la connaissance et la pensée chez l'enfant* 20
3. *Recherches sur les premières manifestations de l'intelligence - le stade sensori-moteur - la fonction sémiotique* 23
4. *Recherches sur le développement des opérations concrètes et les catégories de connaissance* 23
5. *Formalisation des structures de la pensée enfantine - Modèles* 24

6. *Recherches sur le développement et les mécanismes de la perception visuelle* 25
7. *Épistémologie génétique* 25
8. *Recherches sur l'image mentale et la mémoire* 26
9. *Ouvrages théoriques* 27

B. Volets de la production piagétienne 28
Première partie : Épistémologie, philosophie, logique 28
Deuxième partie : Psychologie 31
1. *Les concepts centraux* 31
    Psychologie du développement et psychologie génétique 31
    Fonctions cognitives et opérations de la pensée 32
    Notions d'invariants et de conservation 35
    Facteurs du développement, mécanismes d'adaptation et régulateurs du comportement 36
    Les mécanismes d'abstraction 41
2. *Le Problème des stades et les grandes périodes du développement* 42
    Le problème des stades 43
    Continuité fonctionnelle et discontinuité structurale 43
        Les grandes périodes du développement 44
        Le stade sensori-moteur 44
        Le stade des opérations concrètes et des sous-périodes 47
            Le niveau préopératoire 47
            Le stade opératoire concret, premier niveau 49
            Décalages horizontaux 49
            Le stade opératoire concret, deuxième niveau 50
        Le stade des opérations formelles 51
3. *Le développement des fonctions cognitives* 52
    L'établissement d'invariants cognitifs 53
        1. Le développement des constances perceptives 54
        2. La constitution du schème et de l'objet permanent 56
        3. Remarque sur la formation des concepts 58
        4. L'identité des objets avec eux-mêmes 59
        5. L'invariance ou la conservation des grandeurs physiques 60
        6. L'invariance de quelques autres propriétés de l'objet : longueur, surface, volume géométrique 62
        7. L'invariance des compositions propositionnelles 63
    L'établissement des représentations 64
        1. Développement de l'imitation 67
        2. Développement de la perception, mécanismes perceptifs 69
        3. Images mentales et mémoire 73
        4. Développement du langage et des moyens de communication 75
        5. Développement du jeu 76
    Le développement des opérations sur les ensembles d'objets : opérations logico-mathématiques 78
        1. Le développement des conduites de classification 79
        2. Conduites de sériation 81

3. Applications et fonctions	81
4. Développement de la notion de nombre	84
5. Passage des opérations concrètes aux opérations formelles; logique des propositions	85

Connaissance de l'objet et action sur l'objet :
opérations infra-logiques 86
    1. Représentation de l'espace, développement de la mesure 86
    2. Remarques sur le développement de la notion du temps 89
    3. La notion de mouvement et de vitesse 90
    4. Les explications causales, induction, déduction et hasard 93

Troisième partie : pédagogie 95

Quatrième partie : sociologie, biologie 97

1. *Sociologie* 97

2. *Biologie* 98

C. Pour résumer et conclure 101

Chapitre 4
GUIDE TECHNIQUE POUR LIRE PIAGET

1. Comment sont articulés les ouvrages de Piaget ? 119

2. Ouvrages complémentaires 121

3. Comment lire Piaget ? 122

Chapitre 5
ITINÉRAIRES POUR LIRE PIAGET

Pour commencer 125

Pour psychologues 125

Pour épistémologues, logiciens, mathématiciens, physiciens, biologistes, sociologues, linguistes, philosophes et autres 126

Pour enseignants et pédagogues 126

Chapitre 6
COMPTES RENDUS

Index 161

Bibliographie 169

CHEZ LE MÊME ÉDITEUR

PSYCHOLOGIE ET SCIENCES HUMAINES
collection publiée sous la direction de MARC RICHELLE

1 Dr Paul Chauchard : LA MAITRISE DE SOI. *9ᵉ éd.*
7 Paul-A. Osterrieth : FAIRE DES ADULTES. *16ᵉ éd.*
9 Daniel Widlöcher : L'INTERPRETATION DES DESSINS D'ENFANTS. *9ᵉ éd.*
11 Berthe Reymond-Rivier : LE DEVELOPPEMENT SOCIAL DE L'ENFANT ET DE L'ADOLESCENT. *9ᵉ éd.*
22 H. T. Klinkhamer-Steketée : PSYCHOTHERAPIE PAR LE JEU. *3ᵉ éd.*
24 Marc Richelle : POURQUOI LES PSYCHOLOGUES? *6ᵉ éd.*
25 Lucien Israel : LE MEDECIN FACE AU MALADE. *5ᵉ éd.*
26 Francine Robaye-Geelen : L'ENFANT AU CERVEAU BLESSE. *2ᵉ éd.*
27 B.F. Skinner : LA REVOLUTION SCIENTIFIQUE DE L'ENSEIGNEMENT. *3ᵉ éd.*
29 J.C. Ruwet : ETHOLOGIE : BIOLOGIE DU COMPORTEMENT. *3ᵉ éd.*
38 B.-F. Skinner : L'ANALYSE EXPERIMENTALE DU COMPORTEMENT. *2ᵉ éd.*
40 R. Droz et M. Rahmy : LIRE PIAGET. *3ᵉ éd.*
42 Denis Szabo, Denis Gagné, Alice Parizeau : L'ADOLESCENT ET LA SOCIETE. *2ᵉ éd.*
43 Pierre Oléron : LANGAGE ET DEVELOPPEMENT MENTAL. *2ᵉ éd.*
45 Gertrud L. Wyatt : LA RELATION MERE-ENFANT ET L'ACQUISITION DU LANGAGE. *2ᵉ éd.*
49 T. Ayllon et N. Azrin : TRAITEMENT COMPORTEMENTAL EN INSTITUTION PSYCHIATRIQUE
52 G. Kellens : BANQUEROUTE ET BANQUEROUTIERS
55 Alain Lieury : LA MEMOIRE
58 Jean-Marie Paisse : L'UNIVERS SYMBOLIQUE DE L'ENFANT ARRIERE MENTAL
59 Jacques Van Rillaer : L'AGRESSIVITE HUMAINE
61 Jérôme Kagan : COMPRENDRE L'ENFANT
62 Michel S. Gazzaniga : LE CERVEAU DEDOUBLE
64 X. Seron, J.L. Lambert, M. Van der Linden : LA MODIFICATION DU COMPORTEMENT
65 W. Huber : INTRODUCTION A LA PSYCHOLOGIE DE LA PERSONNALITE. *2ᵉ éd.*
66 Emile Meurice : PSYCHIATRIE ET VIE SOCIALE
67 J. Château, H. Gratiot-Alphandéry, R. Doron et P. Cazayus : LES GRANDES PSYCHOLOGIES MODERNES
68 P. Sifnéos : PSYCHOTHERAPIE BREVE ET CRISE EMOTIONNELLE
69 Marc Richelle : B.F. SKINNER OU LE PERIL BEHAVIORISTE
70 J.P. Bronckart : THEORIES DU LANGAGE
71 Anika Lemaire : JACQUES LACAN. *2ᵉ éd. revue et augmentée.*
72 J.L. Lambert : INTRODUCTION A L'ARRIERATION MENTALE
73 T.G.R. Bower : DEVELOPPEMENT PSYCHOLOGIQUE DE LA PREMIERE ENFANCE
74 J. Rondal : LANGAGE ET EDUCATION
75 Sheila Kitzinger : PREPARER A L'ACCOUCHEMENT
76 Ovide Fontaine : INTRODUCTION AUX THERAPIES COMPORTEMENTALES
77 Jacques-Philippe Leyens : PSYCHOLOGIE SOCIALE. *2ᵉ éd.*
78 Jean Rondal : VOTRE ENFANT APPREND A PARLER
79 Michel Legrand : LE TEST DE SZONDI
80 H.J. Eysenck : LA NEVROSE ET VOUS
81 Albert Demaret : ETHOLOGIE ET PSYCHIATRIE
82 Jean-Luc Lambert et Jean A. Rondal : LE MONGOLISME
83 Albert Bandura : L'APPRENTISSAGE SOCIAL
84 Xavier Seron : APHASIE ET NEUROPSYCHOLOGIE
85 Roger Rondeau : LES GROUPES EN CRISE?

86 J. Danset-Léger : L'ENFANT ET LES IMAGES DE LA LITTERATURE ENFANTINE
87 Herbert S. Terrace : NIM. UN CHIMPANZE QUI A APPRIS LE LANGAGE GESTUEL
88 Roger Gilbert : BON POUR ENSEIGNER?
89 Wing, Cooper et Sartorius : GUIDE POUR UN EXAMEN PSYCHIATRIQUE
90 Jean Costermans : PSYCHOLOGIE DU LANGAGE
91 Françoise Macar : LE TEMPS, PERSPECTIVES PSYCHOPHYSIOLOGIQUES
92 Jacques Van Rillaer : LES ILLUSIONS DE LA PSYCHANALYSE. 2ᵉ éd.
93 Alain Lieury : LES PROCEDES MNEMOTECHNIQUES
94 Georges Thinès : PHENOMENOLOGIE ET SCIENCE DU COMPORTEMENT
95 Rudolph Schaffer : COMPORTEMENT MATERNEL
96 Daniel Stern : MERE ET ENFANT, LES PREMIERES RELATIONS
97 R. Kempe & C. Kempe : L'ENFANCE TORTUREE
98 Jean-Luc Lambert : ENSEIGNEMENT SPECIAL ET HANDICAP MENTAL
99 Jean Morval : INTRODUCTION A LA PSYCHOLOGIE DE L'ENVIRONNEMENT
100 Pierre Oleron et al. : SAVOIRS ET SAVOIR-FAIRE PSYCHOLOGIQUES CHEZ L'ENFANT
101 Bernard I. Murstein : STYLES DE VIE INTIME
102 Rondal/Lambert/Chipman : PSYCHOLINGUISTIQUE ET HANDICAP MENTAL
103 Brédart/Rondal : L'ANALYSE DU LANGAGE CHEZ L'ENFANT
104 David Malan : PSYCHODYNAMIQUE ET PSYCHOTHERAPIE INDIVIDUELLE
105 Philippe Muller : WAGNER PAR SES REVES
106 John Eccles : LE MYSTERE HUMAIN
107 Xavier Seron : REEDUQUER LE CERVEAU
108 Moreau/Richelle : L'ACQUISITION DU LANGAGE
109 Georges Nizard : ANALYSE TRANSACTIONNELLE ET SOIN INFIRMIER
110 Howard Gardner : GRIBOUILLAGES ET DESSINS D'ENFANTS, LEUR SIGNIFICATION
111 Wilson/Otto : LA FEMME MODERNE ET L'ALCOOL
112 Edwards : DESSINER GRACE AU CERVEAU DROIT
113 Rondal : L'INTERACTION ADULTE-ENFANT
114 Blancheteau : L'APPRENTISSAGE CHEZ L'ANIMAL
115 Boutin : FORMATION ET DEVELOPPEMENTS
116 Húsen : L'ECOLE EN QUESTION
117 Ferrero/Besse : L'ENFANT ET SES COMPLEXES
118 R. Bruyer : LE VISAGE ET L'EXPRESSION FACIALE
119 J.P. Leyens : SOMMES-NOUS TOUS DES PSYCHOLOGUES?
120 J. Château : L'INTELLIGENCE OU LES INTELLIGENCES?
121 M. Claes : L'EXPERIENCE ADOLESCENTE
122 J. Hayes et P. Nutman : COMPRENDRE LES CHOMEURS
123 S. Sturdivant : LES FEMMES ET LA PSYCHOTHERAPIE
124 A. Pomerleau et G. Malcuit : L'ENFANT ET SON ENVIRONNEMENT
125 A. Van Hout et X. Seron : L'APHASIE DE L'ENFANT
126 A. Vergote : RELIGION, FOI, INCROYANCE
127 Sivadon/Fernandez-Zoïla : TEMPS DE TRAVAIL, TEMPS DE VIVRE
128 Born : JEUNES DEVIANTS OU DELINQUANTS JUVENILES?
129 Hamers/Blanc : BILINGUALITE ET BILINGUISME
130 Legrand : PSYCHANALYSE, SCIENCE, SOCIETE
131 Le Camus : PRATIQUES PSYCHOMOTRICES
132 Lars Fredén : ASPECTS PSYCHOSOCIAUX DE LA DEPRESSION
133 Mount : LA FAMILLE SUBVERSIVE
134 Magerotte : MANUEL D'EDUCATION COMPORTEMENTALE CLINIQUE
135 Dailly/Moscato : LATERALISATION ET LATERALITE CHEZ L'ENFANT
136 Bonnet/Tamine-Gardes : QUAND L'ENFANT PARLE DU LANGAGE
137 Bruyer : LES SCIENCES HUMAINES ET LES DROITS DE L'HOMME

138 Taulelle : L'ENFANT A LA RENCONTRE DU LANGAGE
139 de Boucaud : PSYCHOLOGIE DE L'ENFANT ASTHMATIQUE
140 Duruz : NARCISSE EN QUETE DE SOI
141 Feyereisen/de Lannoy : PSYCHOLOGIE DU GESTE
142 Florin et al. : LE LANGAGE A L'ECOLE MATERNELLE
143 Debuyst : MODELE ETHOLOGIQUE ET CRIMINOLOGIE
144 Ashton/Stepney : FUMER
145 Winkel et al. : L'IMAGE DE LA FEMME DANS LES LIVRES SCOLAIRES
146 Bideau/Richelle : PSYCHOLOGIE DEVELOPPEMENTALE
147 Schmid-Kitsikis : THEORIE CLINIQUE ET FONCTIONNEMENT MENTAL
148 Guggenbühl/Craig : POUVOIR ET RELATION D'AIDE
149 Rondal : LANGAGE ET COMMUNICATION CHEZ LES HANDICAPES MENTAUX
150 Moscato et al. : FONCTIONNEMENT COGNITIF ET INDIVIDUALITE
151 Château : L'HUMANISATION OU LES PREMIERS PAS DES VALEURS HUMAINES
152 Avery/Litwack : NEE TROP TOT
153 Rondal : LE DEVELOPPEMENT DU LANGAGE CHEZ L'ENFANT TRISOMIQUE 21
154 Kellens : QU'AS-TU FAIT DE TON FRERE?
155 Rondal/Henrot : LE LANGAGE DES SIGNES
156 Lafontaine : LE PARTI PRIS DES MOTS
157 Bonnet/Hoc/Tiberghien : AUTOMATIQUE, INTELLIGENCE ARTIFICIELLE ET PSYCHOLOGIE
158 Giovannini et al. : PSYCHOLOGIE ET SANTE
159 Wilmotte et al. : LE SUICIDE
160 Giurgea : L'HERITAGE DE PAVLOV
161 Ionescu : MANUEL D'INTERVENTION EN DEFICIENCE MENTALE N° 1
162 Ionescu : MANUEL D'INTERVENTION EN DEFICIENCE MENTALE N° 2
163 Pieraut-Le Bonniec : CONNAITRE ET LE DIRE
164 Huber : PSYCHOLOGIE CLINIQUE AUJOURD'HUI
165 Rondal et al. : PROBLEMES DE PSYCHOLINGUISTIQUE
166 Slukin : LE LIEN MATERNEL
167 Baudour : L'AMOUR CONDAMNE
168 Wilwerth : VISAGES DE LA LITTERATURE FEMININE
169 Edwards : VISION, DESSIN, CREATIVITE
170 Lutte : LIBERER L'ADOLESCENCE
171 Defays : L'ESPRIT EN FRICHE
172 Broome Walace : PSYCHOLOGIE ET PROBLEMES GYNECOLOGIQUES
173 Aimard : LES BEBES DE L'HUMOUR
174 Perruchet : LES AUTOMATISMES COGNITIFS
175 Bawin-Legros : FAMILLES, MARIAGE, DIVORCE
176 Pourtois/Desmet : EPISTEMOLOGIE ET INSTRUMENTATION EN SCIENCES HUMAINES
177 Sloboda : L'ESPRIT MUSICIEN
178 Fraisse : POUR LA PSYCHOLOGIE SCIENTIFIQUE
179 Ruffiot : PSYCHOLOGIE DU SIDA
180 McAdams/Deliège : LA MUSIQUE ET LES SCIENCES COGNITIVES
181 Argentin : QUAND FAIRE C'EST DIRE...
182 Van der Linden : LES TROUBLES DE LA MEMOIRE
183 Lecuyer : BEBES ASTRONOMES, BEBES PSYCHOLOGUES : L'INTELLIGENCE DE LA 1re ANNEE
184 Immelmann : DICTIONNAIRE DE L'ETHOLOGIE
185 Collectif : ACTEUR SOCIAL ET DELINQUANCE
186 Fontana : GERER LE STRESS
187 Bouchard : DE LA PHENOMENOLOGIE A LA PSYCHANALYSE
188 Chanceaulme : MOURIR, ULTIME TENDRESSE
189 Rivière : LA PSYCHOLOGIE DE VYGOTSKY

190 Lecoq : APPRENTISSAGE DE LA LECTURE ET DYSLEXIE
191 de Montmolin/Amalberti/Theureau : MODÈLES DE L'ANALYSE DU TRAVAIL
192 Minary : MODÈLES SYSTÉMIQUES ET PSYCHOLOGIE
193 Grégoire : ÉVALUER L'INTELLIGENCE DE L'ENFANT
194 Gommers/van den Bosch/de Aguilar : POUR UNE VIEILLESSE AUTONOME
195 Van Rillaer : LA GESTION DE SOI
196 Lecas : L'ATTENTION VISUELLE
197 Macquet : TOXICOMANIES ET FORMES DE LA VIE QUOTIDIENNE
198 Giurgea : LE VIEILLISSEMENT CÉRÉBRAL
199 Pillon : LA MÉMOIRE DES MOTS
200 Pouthas/Jouen : LES COMPORTEMENTS DU BÉBÉ : EXPRESSION DE SON SAVOIR ?
201 Montangero/Maurice-Naville : PIAGET OU L'INTELLIGENCE EN MARCHE
202 Colin A. Epsie : LE TRAITEMENT PSYCHOLOGIQUE DE L'INSOMNIE
203 Samalin-Amboise : VIVRE À DEUX
204 Bourhis/Leyens : STÉRÉOTYPES, DISCRIMINATION ET RELATIONS INTERGROUPES
205 Feltz/Lambert : ENTRE LE CORPS ET L'ESPRIT
206 Francès : MOTIVATION ET EFFICIENCE AU TRAVAIL
207 Houziaux : ÉDUCATION DU PATIENT ET ORDINATEUR
208 Roques : SORTIR DU CHÔMAGE
209 Bléandonu : L'ANALYSE DES RÊVES ET LE REGARD MENTAL
210 Born/Delville/Mercier/Snad/Beeckmans : LES ABUS SEXUELS D'ENFANTS
211 Siguan : L'EUROPE DES LANGUES
212 de Bonis : CONNAÎTRE LES ÉMOTIONS HUMAINES
213 Retschitzki/Gurtner : L'ENFANT ET L'ORDINATEUR
214 Leyens/Yzerbyt/Schadron : STÉRÉOTYPES ET COGNITION SOCIALE

Manuels et Traités

Droz-Richelle : MANUEL DE PSYCHOLOGIE
Hurtig-Rondal : MANUEL DE PSYCHOLOGIE DE L'ENFANT (Tome 1)
Hurtig-Rondal : MANUEL DE PSYCHOLOGIE DE L'ENFANT (Tome 2)
Hurtig-Rondal : MANUEL DE PSYCHOLOGIE DE L'ENFANT (Tome 3)
Rondal-Seron : LES TROUBLES DU LANGAGE (DIAGNOSTIC ET REEDUCATION)
Fontaine/Cottraux/Ladouceur : CLINIQUES DE THERAPIE COMPORTEMENTALE
Godefroid : LES CHEMINS DE LA PSYCHOLOGIE